リサーチの思考と技法

逆転発想で再帰的に

中京大学経営学部教授

中西 眞知子 著

中京大学大学院 ビジネス・イノベーションシリーズ

Chukyo University
Business Innovation Series

ミネルヴァ書房

序

　「リサーチ」や「調査」ということばを聞くと市場調査や社会調査などに用いられるいわゆるアンケート調査票や，それを用いた回答の集計結果の〇〇％，〇〇％という平べったい数字の羅列やグラフを思い浮かべる人が多いのではなかろうか。あるいは，膨大な量の生のインタビューの発言記録の束をイメージすることもあろう。

　このようなイメージは，国勢調査に代表されるようないわゆる統計調査の客観性を重んじる調査の考え方に由来するものであろう。もっとも，かつては国民生活意識調査において，日本人には中流意識が高いという結果が発表されていた。が，これは，調査のカテゴリー構成が，上，中の上，中の中，中の下，下であっため，中という回答が助長されたのではないかということである。最近では，働き方改革の一つとして裁量労働制を拡大するという法案の説明に，首相が裁量労働者の労働時間（9時間16分）の方が，一般労働者の労働時間（9時間37分）よりも短いと説明していたが，これは平均労働時間と最長労働時間という各労働者の異なる尺度を比較していたことが明らかになった（朝日新聞2018年2月23日）。裁量労働制の拡大に反対する野党は過労死した裁量労働者の家族の手記を読み上げるという質的資料を用いた批判を展開する。32箱，1万人分の調査票原票が厚生労働省の地下から発見され，原票の扱い，異常値チェックの取り扱いなども含めて，物議をかもしている。政府の調査であっても，むしろそれだからこそ，調査票作成や集計，分析の背後にはその前提となる調査主体の表したい解釈が隠されている。

　リサーチを企画し，実施し，分析して報告書を作成するということに

はそれが量的調査（定量調査）であっても質的調査（定性調査）であっても必ずリサーチャーの思考や独自の解釈を伴っていて，それを避けることができないのではなかろうか。リサーチをする人は，どのような調査であったにしても自分の主観的な解釈を反映して企画した調査であることを前提として，それを自覚したうえで，リサーチを企画し，実施し，分析して解釈していく必要があるのではないか。このような考えのもとに本書を著した。

　リサーチはどのようなリサーチもリサーチャーによる再帰的な解釈であり，他の解釈も可能であるという前提に立つことが求められるのではないか。すなわちリサーチを行う人は，自らの思考に基づいて企画し調査し分析しているのであるということを自覚して，そういうなかで自らの結論を導き出していること，もしかしたらその結論は自らが当然のごとく前提としていた考え方すら疑わせ，その基盤をも大きく変化させる可能性があることを強調しておくことが必要ではなかろうか。

　このような観点から本書では，企画書の作成，量的調査，質的調査，分析報告書作成などのリサーチの節目において，どのように考えていけばいいのか，「リサーチの思考」と「リサーチの技法」についてその具体的なやり方を含めて考えていきたい。また変化の著しい現代社会において，今後「リサーチの思考」がどのように変化していくのかについても，いっしょに考えていこう。

　第1章は，リサーチとは単に実証的なデータや発言の羅列ではなく，再帰的な解釈の行為であることを，リサーチャー自身が自覚してリサーチを行おうという提案である。

　第2章は，企画の作成において，最初に報告内容をイメージして，そこから逆転発想で調査のテーマ，リサーチの企画という順序で考えていこうという提案である。さらに，調査企画において質的調査—量的調査—質的調査，というサンドイッチ方式を勧める。

第3章は，量的調査の思考について記す。いつも分析結果のイメージ
を念頭に置きながら，調査の目的，方法，項目などを考えて，調査票作
成を行うことの必要性を示し，さらに結果を集計し解析していくときの
思考について語る。

　第4章は，質的調査の思考について記す。数値化できないデータの収
集方法としての手法の広がりを示し，コメントするときにき「データに
語らせる」場合にもリサーチャーの思いや価値観が濃く反映されるもの
であることを述べる。

　第5章は，最終的な成果物として，報告書や論文の一章を作成する際
の思考について記す。社会の記述に完全に客観的なリアリティは存在せ
ず，リサーチャーの主観的な解釈や価値観によってリアリティとして切
り取られたものであることを示す。

　第6章は，最近のリサーチ動向と思考の変化について論じる。ビッグ
データやAIの普及など情報化によって急速に変化する社会において，
むしろローカルな情報や質的なリサーチが重要なものとなり，リサーチ
ャーの主観的解釈や方法論に言及することの重みが増していくことをと
らえ，今後のリサーチの思考の変化を展望する。

　本書が，リサーチに関心をもつ人，試みようとしている人，そしてリ
サーチを実施中の人に，リサーチを行うときに大切なものは何かと考え
る機会を提供することになれば幸いである。

中西眞知子

目　次

序

第1章　リサーチは再帰的な解釈の行為

1　リサーチにおける思考と解釈……………………………… 3
2　再帰的な解釈という自覚…………………………………… 4

第2章　リサーチ企画の思考

1　逆転発想…………………………………………………… 9
2　量的調査と質的調査……………………………………… 9
　　——上質のパンと山盛りの具のサンドイッチ方式を
3　製品のライフサイクル別の調査テーマ………………… 12
4　ブランドに関する調査テーマ…………………………… 17

第3章　量的調査（定量調査）の思考

1　量的調査の種類…………………………………………… 27
2　調査票の作成……………………………………………… 29
3　サンプリング……………………………………………… 32
4　実　　査…………………………………………………… 34
5　エディティング，コーディング，インプット………… 34
6　集　　計…………………………………………………… 35

7	多変量解析	38
8	分析コメントの作成	41

第4章　質的調査（定性調査）の思考

1	質的調査の種類	51
2	実　　査	54
3	ブリーフィングとコメント作成	57

第5章　報告書作成の思考

1	報告書の構成	75
2	報告書作成の考え方	76

第6章　最近のリサーチ動向とその思考

1	ビッグデータや AI の影響	81
2	ポストモダンの再帰的近代社会における発想の転換	84
3	グローバリゼーションが進む社会におけるマーケティングやリサーチの思考の変化	90

結

あとがき

参考文献

資　料

1　郵送調査の調査票例

2　インターネット調査票の事例

3　自由回答の事例

索　引

第1章

リサーチは再帰的な解釈の行為

第1章　リサーチは再帰的な解釈の行為

1　リサーチにおける思考と解釈

　リサーチは社会調査，市場調査などのリサーチを行う上で，どのような
ことに留意して，何を考えるだろうか？　量的調査ならば適切な対象
者と調査項目の設定，答えやすい設計と順序によって構成されたた調査
票，統計的な有意性などであろう。質的調査であれば，インタビューの
項目やフロー，インタビュー技術や対象者とのラポールのとりかたなど[1]
がもちろん重要な要素であろう。

　ここで筆者が強調したいのは，これらに勝るとも劣らず，調査を企画
して実施する上でのリサーチャーの思考の重要性である。どのように設
計し分析し，結果をどう解釈するかということはリサーチャーの思考次
第であり，リサーチャーの思考を大きく反映するという点である。

　盛山和夫によれば，社会調査とは解釈である。解釈とは意味世界とし
ての社会的世界の探求である。統計量のアウトプットは，解釈ではなく
道具にすぎない。社会調査の目的は，経験的データを用いて意味世界と
しての社会的世界を探求し，新しい知見を提示することである（盛山
2004：1-8）。社会調査の数字や語りは解釈としての探求にとって重要な
道具や材料であるが，どのように料理するかは解釈者としてリサーチャ
ーの腕次第といっていいであろう。

　市民社会であっても消費社会であっても，われわれの周りには無限と
いっていいくらい広大で雑多な社会が広がっている。しかもその社会は
無菌な実験室に守られているわけではなく今，この瞬間も外部からの影
響を受けて絶え間なく変化を続けている。このような社会をリサーチャ
ーが完全に把握できると思ったらとんでもないことである。「すべてを」

3

「正確に」「細大漏らさず詳細まで」などという大それた願望を抱かないことである。

　調査企画を行い，調査項目を並べる。その後調査項目に沿って質問を考え，調査票やインタビューフローに落としていくという順序とは反対に，まず「これを明らかにしたい」ということを絞り込み，そのアウトプットイメージを明らかにすることが肝要であろう。そういったアウトプットイメージへ向かうためには，何を明らかにし誰に調査すればいいか，どういう方法をとればいいか企画をするという「逆転発想」をぜひお勧めしたい。何を明らかにしたいかというイメージが鮮明であればあるほどいいリサーチが企画できる。

　さらに数量的データや発言録などを収集，分析してそこから組み合てるときに求められるのはリサーチャーの解釈である。自分が行っていることは，客観的な事実を述べているのではなく，あくまでも自分独自の視点から切り取った社会の現実を，意識しているかにかかわらず，自分で選択して解釈しているのである。それ以外の解釈も可能であり，自分のリサーチが他の解釈によって，自らのリサーチの基盤が揺らいだり，崩れたりする可能性があることを自覚しておきたい。この広大で可変な社会を私一人の視点で切り取り，それを語っていこうと試みること自体が無謀であり，偏りのないほうが不思議である。

2　再帰的な解釈という自覚

　筆者も経験があることだが，すべてリサーチが終了して分析し，報告書を書いているときになって初めて，もっとこういう調査方法をとればよかった，この質問が無意味だったなどと気づくことは少なくない。あ

第1章　リサーチは再帰的な解釈の行為

るいはそもそもすでに実施した調査企画自体がばかげていたと，後になって気づくこともある。そして次のリサーチの機会にはそういった点に留意してもっといい調査にしようという思いを強くするのである。

　リサーチを企画し，調査し，分析してその結果を表わすことで，自らのリサーチが問い直され，変革を促される。まさにリサーチを行うことそれ自体がリサーチやその主体であるリサーチャーにとって，自らに帰ってその変化を促す極めて再帰的な解釈の行為そのものなのである。

　リサーチャーは，リサーチを行うということが再帰的な解釈の行為であることを改めて自覚することで，莫大な数字や発言の山に翻弄されることなく，自らの企画したものの限界と矛盾と対峙しながら，企画目的であるテーマに呼応した解釈が可能になろう。そして，その自覚があるからこそ，自らの解釈を，読者に説得力を持って語ることが可能になるのではないだろうか。

　社会や市場は，今この瞬間も変化していて，常に可塑的である。こういった広大で変わり続ける社会や市場をリサーチしようと試みるのであるから，自ら実施するリサーチが，自らに帰ってきて変革を求める再帰的な解釈であることをいつも念頭に置いて，「私が切り取った世界」の解釈であることを自覚したリサーチが求められるのであろう。そしてリサーチの再帰性がもたらす揺らぎや変化をためらわずに受け入れていくことが，大切なのではなかろうか。

注
1 ）ラポール（rapport）とは親和関係という意味で，臨床心理学のセラピストとクライエントの間に生じる心的な関係を指す。オーストリアの精神科医フランツ・アントレ・メスメルが最初に用いた語である。
2 ）再帰性（reflexivity）とは，「自らを他者に映し出して，それが自らに帰ることで自らを変革していく螺旋状の循環」である。第 6 章でも触れるように，アンソニー・ギデンズやウルリッヒ・ベックは「自己再帰性」「制

度的再帰性」など認知的再帰性を提唱している。これに対してスコット・ラッシュは、「美的再帰性」「解釈学的再帰性」「現象学的再帰性」など，認知的，制度的なものにとどまらない再帰性に注目する。

第 2 章

リサーチ企画の思考

次に調査の最初の段階であるリサーチを企画するための思考について述べよう。順序としては企画書の作成を最初に行うものである。が，前章で述べたように発想の順序は逆で，まず結論のイメージから思い浮かべることが大切である。「まず結論から」という逆転発想でリサーチの企画を考えていこう。

　さらに量的調査と質的調査のちがいや，各々の特性を生かしたこれらの組合せをサンドイッチ方式で提案したい。

第2章　リサーチ企画の思考

1　逆 転 発 想

　企画書を作成するに当たって最初に調査の背景とともに，このリサーチによって明らかにしたいことがどういうことなのか，そのイメージを思い浮かべよう。すでに頭の中に仮説として提示できるものができあがっているのであれば，それを提示する。それほど明確なものができあがっていない場合は，イメージで構わないので示してみよう。その際，日程や予算は制約条件なので頭に置いておこう。

　次にそれを明らかにするためにはどのような分析結果が必要とされるのか，必要とされる数字や発言について考えよう。

　そのあとにそれらの分析結果を得るための手段として調査方法，調査対象などの具体的な調査の設計を考えよう。

　そして調査項目や質問の仕方などを決めていくのである。

　さらにもう一度最初に立ち返って，調査の背景と目的を確認しよう。ここで目的が変わることがあるならば，企画書作成の段階ですでに再帰性が十分に働いていることになる（図表2-1参照）。

2　量的調査と質的調査
　　　——上質のパンと山盛りの具のサンドイッチ方式を

　リサーチには多く分けて量的調査・定量調査（quantitative research）と質的調査・定性調査（qualitative research）がある。

　量的調査・定量調査（quantitative research）とは，量的な調査法であ

9

図表 2-1　逆転発想の思考の順位（①②③④⑤は思考の順序）

企画書構成の順序			
		1	調査の背景と目的
		2	調査の設計　調査対象者（対象者の選定条件），調査地域，調査の方法など
		3	調査項目
		4	分析
		5	報告内容イメージ
		6	日程
		7	費用
企画書作成の思考順序			
①	⑤	1	調査の背景と目的
④		2	調査の設計　調査対象者（対象者の選定条件）調査地域，調査の方法など
③		3	調査項目
②		4	分析
①		5	報告内容イメージ
①		6	日程
①		7	費用

（出典）　筆者作成。

り，構成的な調査票をもちいて行われる標本調査である。量的調査は，一定数以上サンプルに対して構成的調査票を使ってデータを収集する方法である。客観的，体系的にデータを収集する方法で，代表性がある。いろいろな属性の人を対象者に選ぶことができる。また一人の対象者から大量の情報を得ることができる。情報は数量的統計的に処理される。消費者行動論，確率論を前提に分析することができる。また反復性がある。量的調査は，実態記述型，成果モニター型，因果方リサーチなどのリサーチに用いられる。

　一方，質的調査・定性調査（qualitative research）とは，質的調査法であり，探索型のリサーチである。質的調査の目的は，特定テーマの問題の構造を明らかにして，定式化を行ったり，未知の分野についての基礎知識を得ることである。生の市民の声や，消費者のことばを発見したり，参加動機や購買動機を深く探ることができる。また，典型的な事例研究のための顕著な行動や態度・発見をし，仮説の発見や仮説の精緻化を行

うことができる。構成的質問で収集しにくいデリケートな問題にも対処することができる。新製品のアイディアやコンセプトの創出，新製品や広告のスクリーニング，定量調査の調査票のプリテストにも使われる。定量調査の結果を肉付けしたり，多変量解析のための要因の収集も可能である。

　量的調査の実施前にアイディア探索のために質的調査を行う。また，実施後に具体的方策をさぐるために質的調査が行われることがある。ただし，どちらの物語も互いに補完しあうもので，その境界が曖昧なところもある。たとえば，量的調査の中に「ご自由にお聞かせください」などという自由回答を大きく挿入して質的な情報を収集することがある。また質的に集めた発言記録などの情報を後でコード化したり，第6章でも触れるが，テキストマイニングなどによって量的に取り扱うこともできる。

　筆者は，リサーチ企画における理想的な組み合わせとして，「質的調査 – 量的調査 – 質的調査」の順に実施する「サンドイッチ方式」をご提案したい。最初に消費者や市民の生の発言やイメージなどをデプス・インタビューなどの質的調査によってとらえる。つぎにそれを参考にして定量調査の調査票を設計し，できるだけ多くのサンプルによる量的調査を実施する。ある程度説得力のある数字が得られたところで，もう一度最終的な提言に結び付くような施策や商品コンセプトなどを提示して，グループインタビューやデプス・インタビューなどの質的調査を実施するのである。

　パンにあたる部分の量的調査の前後の質的調査は，数は少なくてもいいが，目的に応じて最適な対象を選びたい。具にあたる量的調査は予算や日程の許す限り数多くのサンプルを確保したい。ブランド和牛にこだわらず，アンガス・ビーフでもオージービーフでも多ければ多いほどいい。「厳選した上質のパンに山盛りの具をはさんだサンドイッチ方式」をぜひおすすめしたい。

3 製品のライフサイクル別の調査テーマ

　逆転発想で企画発想で企画書を作成するに際して，まず最初に調査の
テーマを何にするかということ，アウトプットイメージを考えなければ
ならない。

　市場調査に多い例として新製品の導入や既存品の評価というテーマが
ある。市場が新製品の開発から導入期，成長期，成熟期，衰退期など，
製品ライフサイクル（product life cycle [1]）を取ることはよく知られてい
るだろう。市場調査を行う場合，その製品のライフスタイルに合わせて，
調査テーマの設定や適切なリサーチ課題が異なる。これをライフサイク
ル別の一覧表にまとめてみた（図表 2 - 2 参照）

第2章 リサーチ企画の思考

図表2-2 製品のライフサイクル別の調査テーマ

マーケティングを行って行く中で，商品の新製品開発から，既存品の評価，再活性化までの，ライフステージに応じて次のような計画段階が存在する。

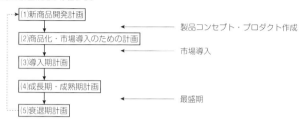

このような各段階において，マーケティングの課題が発生し，それらの各段階をリサーチによって解決しようと試みると，調査テーマという形になる。

(1)新製品開発計画

課題	調査テーマ	調査例	既存資料
参入市場・参入分野の構造把握			SCI (消費者パネル購買データ) SRI (小売店パネル購買データ) 出荷データ
◆どんな市場に参入するのか。 ◆市場は現在どのくらいの規模でどのような動向か。	市場規模 市場動向	市場動向調査 専門家ヒアリング	
◆市場を構成するメーカーの構造はどうなっているのか。	メーカーシェア		
◆どのような人々がユーザーなのか。 （消費者のプロフィール）	ユーザープロフィール		
◆ユーザーの購買動向はどうか。	購買動向		
◆流通の構造はどうなっているのか。	流通構造		
◆関連分野の動きはどうか。			

課題	調査テーマ	調査例	既存資料
製品コンセプトの策定			
◆どのような消費者ニーズ（製品アイディアの基礎となるもの）があるのか。	消費者ニーズ	消費者ニーズ調査	新製品情報 企業イメージ
◆そこからどのようなアイディアが創出されるか。		アイディア探索調査	コーポレート・アイデンティティー
◆製品アイディアの評価はどうか。新奇性，魅力性。消費者ベネフィットと合致。企業イメージと企業ドメインと合致するか。	コンセプト評価	コンセプトテスト	社内資料
◆製品アイディアはターゲット層に受容されているか。	ターゲット受容度	ブランドイメージ調査 企業イメージ調査	
◆他の製品との差別化をどうするのか。			
製品プロダクトの策定			
試作品の評価はどうか。	試作品評価	プロダクトテスト	
試作品とコンセプト内容との一致度は。	コンセプトとプロダクトとの一致		
改良のポイントは何か。	改良点		
改良の余地はあるか。			

(2)商品化・市場導入のための計画

課題	調査テーマ	調査例	既存資料
商品化計画			
◆商品コンセプトの評価はどうか。〔斬新性,魅力性,消費者ベネフィットとの合致度，使用意向etc.〕	コンセプト評価	コンセプトテスト	SRI SCI（類似品，競合品）
◆商品コンセプトはターゲット層に受容されているか。			
◆他ブランドと差別化されているか。			
◆商品の評価はどうか。〔プロダクト全体評価，各特性評価，効果，サイズ，容量，使いやすさ，斬新性，使用意向，購入意向etc.〕	プロダクト評価		
◆商品は商品コンセプトを反映しているか。両者の一致度。	コンセプトとプロダクトの一致	プロダクトテスト	
◆商品はターゲット層に受容されているか。			
◆商品名やパッケージの評価はどうか。〔新奇性，魅力性，好感度，使い易さ，コンセプト伝達力etc.〕	ネーミング評価 パッケージ評価		
◆適正価格は。			
◆コンセプト，製品，パッケージ，商品名，価格などすべて含めて完成された商品に対し，購入意向はどのくらいあるのか。	CP評価　CP購入意向 ↓	CPテスト	コンセプト・パーフォマンステスト (concept-performance test)
◆ターゲット層にどのくらい購入されるのか。	需要予測		
◆商品発売直後の販売個数（販売額）予想。	想定購入頻度		
◆安定期の販売個数（販売額）予想。	想定販売個数		

14

第2章　リサーチ企画の思考

課題	調査テーマ	調査例	既存資料

チャネル戦略の立案

課題	調査テーマ	調査例	既存資料
◆ターゲット層はどのチャネルから購入しているのか。	現購入ルート	店頭購入者調査	SRI ちらしインデックス
◆卸・小売の構造（流通構造）はどうなっているのか。	流通構造		
◆既存のルートを使うか，新しいチャネルを開拓するべきか。	チャネル選択		
◆どの卸・小売を選ぶか。			
◆卸・小売に対する販促政策（イベント，販促物件，営業マン，管理，リベートetc.）はどうするか。	販促方法		
◆店頭での販促政策（イベント，販促物件，店頭フェイスetc.）はどうするか。			
◆ターゲット層はどのようなサービスを望んでいるか。	望まれるサービス		

課題	調査テーマ	調査例	既存資料

コミュニケーション戦略の立案

課題	調査テーマ	調査例	既存資料
◆ターゲット層はどのような媒体に接触し，どこから影響を受けているか。	媒体接触		GRP 広告総投下量 (gross rating point)
◆広告によって何を得るのか。広告目的は何か。			
◆広告媒体に何を選ぶか。	媒体選択		
◆広告コンセプトをどうするか。（コピー，映像，音楽，タレントetc.）			
◆広告はどう評価されているか。	広告評価	広告効果測定	
◆広告投下量はどのくらいにするか。	広告効果		

実際の市場反応の把握

課題	調査テーマ	調査例	既存資料
◆テストマーケットをどのように実行すべきか。（販売計画，テスト地域，テスト期間，広告・価格・パッケージ・陳列方法などのマーケティング変数の決定　etc.）	テストマーケティング評価	テストマーケティング調査	社内 生産計画
◆どのくらい需要が見込めるか。	購入実態		
◆生産計画はどうあるべきか。	最購入意向→		
◆最も有効なマーケティング戦略は何か。（マーケティング変数を変えたときの市場の反応はどうか。）	マーケティングミックスモデル作成 →変数の選択→予測		

15

(3)導入期計画

課題	調査テーマ	調査例	既存資料

今後の需要動向の把握

課題	調査テーマ	調査例	既存資料
◆どのくらいの人が新製品を購入したか。	購入経験	購入使用実態調査	SRI SCI
◆どのような人が，購入したのか。ターゲット層と整合性はあるか。	購入者プロフィール		
◆購入者の商品に対する評価，再購入意向はあるか。	最購入意向		
◆今後の成長性。			
◆競合品の動向。	競合品浸透度		
◆配荷率は，どの程度確保されているか。	店頭配荷率		

(4)成長期・成熟期計画

課題	調査テーマ	調査例	既存資料

商品政策進行状況のチェック

課題	調査テーマ	調査例	既存資料
◆販促効果は上がっているか。どう受け止められているか。	販促効果	購入使用実態調査（ベンチマーク調査）	SRI SCI
◆広告は，ターゲット層にベネフィットをうまく伝えているか。	広告イメージ		
◆価格は適正か。	価格評価		
◆消費者の持つイメージはどのようなものか。	ブランドイメージ		
◆競合品の戦略チェック。	店頭配荷率		

商品戦略手直しの検討

課題	調査テーマ	調査例	既存資料
◆製品ラインアップは適切か。	品目別利用状況 ブランド意識	購入使用実態調査	
◆特にシェアの低い地域，売上の落ちている地域はないか。あればそれはなぜか。	購入経験率 メーカーシェア		SRI SCI 出荷データ
◆販促政策の見直しは必要か。どのような変更が好ましいか。	販促効果		
◆広告の見直しは必要か。どのような変更が好ましいか。	広告効果	広告効果測定	
◆商品イメージは落ちていないか。イメージアップさせる必要はあるか。	ブランドイメージ	ブランドイメージ調査 企業イメージ調査	

16

第2章 リサーチ企画の思考

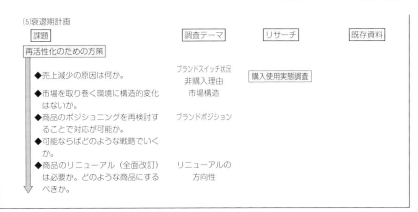

(出典) 筆者ならびにインテージ作成。

4 ブランドに関する調査テーマ

　次にブランドに関する調査の企画について考えよう。
　ブランド（brand）とは元来，家畜に焼印を押して，他の人のものと識別していたことに始まり，スカンジナビア語で焼印を押す（burned）という語にその起源を持つ。ブランドあるいは商標は，古代の陶工や石工のマークにまでさかのぼることができるという（Kevin Lane Keller 1998=2000）。
　ブランドはその名前やトレードマーク，デザイン，シンボルなどによって他と識別することを目的とするもので，またブランド自らが，その価値を生み出していくものでもある。アメリカマーケティング協会（AMA）の定義によれば，ブランドは「ある売り手の財やサービスを，他の売り手のそれとは異なるものと識別するための名前，用語，デザイン，シンボルおよびその他の特徴」であるという。池尾恭一らによれば，

17

必ずしもいいものが強いブランドになるとは限らず，強いブランドになるためには，ブランドの意味ないし価値を伝達するコミュニケーションが主要な役割を果たすという（池尾ほか 2010：414-438）。デービッド・アーカーによれば，ブランド・アイデンティティ（brand identity）とは，ブランド戦略を策定する上での長期ビジョンの核となり，ブランド連想を生み出すベースとなる

　石井淳蔵は，ブランドとは，「日本の粋」や「場の空気の概念に似て，客観的な存在として存在するというよりも，その存在を了解しあうたぐいの存在のようだという（石井 1999：1-13）。彼は，消費者の選択（市場でのコンテスト）が決着をつけるというブランド自然選択説とブランドの核心には製作者や経営者のブランドにかける思いや夢，世界観やビジョンがあるというブランドパワー説の両説を紹介する。そしてブランドの現実は，消費者の欲望にも，メーカー側のどちらにも還元し尽くせないことを指摘する（石井 1999：36，129-130，139-174，175-196）。ブランドは自ら価値を作りだし，新しい意味世界を作りだすという創発性があることを示し，その現実は共同幻想ではなく，社会的実在的性格を持つという。ブランドパワーの典型的な構成要素は，ブランド知名度，ブランド理解度，トライアル喚起力，商品満足度，リピート喚起力，新規性，相対価格などである。が彼は，この説には，ブランド拡張が行われる瞬間に拡張の前提であったブランド価値が変容するという自己言及的なプロセスへの考慮が及んでいないことを指摘する。ブランドはブランド拡張によって新しい世界（製品カテゴリー，コンセプト，広告テーマ，市場領域，消費者）をその領分のなかに包摂するごとに，新しい価値が同時に構成される。石井は，ブランドが無から有の価値を生み出し成長していくことを説明し，商品世界の供給構造が表現する市場概念やライフスタイルに対する，ブランドからの果敢な挑戦を意味するという。ブランド経営者がブランドのあるいは自らの命がけの跳躍を試みるのは，新たな

消費欲望が次々に創出して自らのブランドに固有の欲望とすることができると考えるからであるという。

ラッシュによれば，情報資本主義のもとでの枠組みはブランドとなる（Lash 2002：149-150=2006：269-270, 344）ブランドはブランドマークを土台にして成り立つもので事前に認知されたロゴやデザインは他者を排除する力をもつ。情報やコミュニケーションの流れの混乱状況を収束するのにブランドが一役買う。

さらに，ラッシュとラリーによれば，ブランドは表面的に見えるが，生成的，構成的な，創造的で圧縮された構造で，活動のシリーズを生み出すものである（Lash and Lury 2007：196-197）。ブランドは，われわれの内部に新しい価値を生み出しながら，さまざまな再帰性の働きを促進させて，社会の変化に伴う新しい変化を取り入れることで，情報資本や文化資本を蓄積して経済効果を生み出す。そして内へ向けては，感情的，知的に価値を生み出す再帰的な役割を果たす。ラッシュは商品が外在性（外延性）ももつのに対して，ブランドは内在性（内包性）[1] をもつことを示す（Lash 2010：1-20）。物質的なものであった商品が「ブランド」を身につけることによって，自ら変わることのできる価値を生み出す内在的奔出に変わるのである。

ブランドにはコーポレイト・ブランドとプロダクト・ブランドがある。コーポレイト・ブランドとは企業名によって品質保証を保証するものである。日本ではプロダクト・ブランドと比較すると，コーポレイト・ブランドが多くなっている。特に耐久財等，保証が重視される商品にコーポレイト・ブランドが多くみられる。また，コーポレイト・ブランドプロダクト・ブランド両者を併記した「花王のアタック」のような二階建てブランドも日本では多かった。これに対してプロダクト・ブランドは商品個別のプロダクトで，企業を離れて，独自の世界を展開している。欧米ではコーポレイト・ブランドが主流である。日本でも近年は個性の

強調を目的として「ボス」「レクサス」「ツバキ」などといったコーポレイトとは異なるポジションを形成するプロダクト・ブランドが増える傾向にある。

また，プライベート・ブランドは，流通業者（デパート，スーパーなど）のブランドで，広告費用が削減されるため，低価格に設定することが可能であり，その比率は年々伸びている。たとえば，無印良品は「わけあってやすい」というブランド・アイデンティティを柱としながら，日本的な「引き算の美」（深澤 2011）が見出される。「無」のブランドで主張しないことで主張するという日本文化の集合的再帰性で解釈学的再帰性の特性を国内よりもむしろ欧州において発見されたブランドである。

ここでプロダクト・ブランドやコーポレイト・ブランドに関する調査テーマを考えてみよう（図表 2 - 3 参照）。

第 2 章　リサーチ企画の思考

図表 2-3　プロダクト・ブランド，コーポレイト・ブランドに関する調査テーマ

(1) ブランドの役割

探索コストの削減………製品のブランド名，ロゴ，マークなど，指名購買の前提となる。
知覚リスクの削減………既知ブランドであることが，消費者の信頼感を生み，不確実性の低減と情報処理の単純化をもたらす。
情報処理コストの削減……ブランドの「意味づけ，象徴機能」は，属性・便益・価値などを消費者に伝達。
アイデンティティの形成…ブランドの「意味づけ，象徴機能」は，消費者の自己表現やアイデンティティの形成に寄与。
カテゴリー知識の形成……ブランドは，ブランド自体がカテゴリーとして形成するなど，消費者にとって新たなカテゴリー知識の創造に寄与し，市場構造を変えていく。

出典　青木2000

(2) コーポレイト・ブランドのコンセプト作成

CI計画においては企業コンセプトは図に示されるような三つの方向での作業展開を統一する基盤となる。

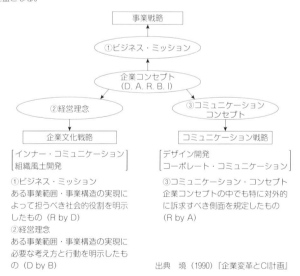

出典　境（1990）『企業変革とCI計画』

(3)調査上のテーマと調査対象

調査の対象に応じたテーマを示すと以下のようなものとなる。

調査テーマと調査対象

調査対象＼調査テーマ	企業環境の将来性	企業目標・経営資源・営業課題	経営理念・企業文化・組織風土	イメージ目標・企業イメージ	消費者ニーズと企業に対する期待と要請
トップインタビュー	○	◎	○	○	
社員意識調査		○	○	◎	○
取引先・関係会社等法人調査	○			◎	○
生活者調査				◎	◎
オピニオン・リーダー・インタビュー				◎	
専門家調査	◎	○			○

◎：各調査の中心テーマ　　○：比較上必要なテーマ　　⬚：特に比較の必要なもの

出典　境（1990）『企業変革とCI計画』，インテージ

(4)CI戦略策定のためのプロジェクト全体像

CI戦略策定のためのプロジェクトの全体のイメージを示すと，以下のようなものとなる。

第2章　リサーチ企画の思考

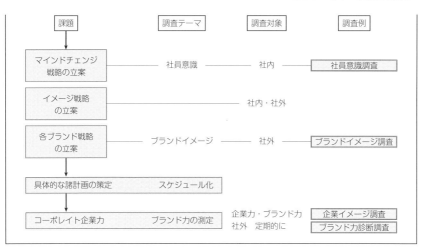

（出典）　筆者ならびにインテージ作成。

　リサーチを企画するときには，まず最終的な結論としての成果物をイメージして，そのための調査テーマ，調査方法，調査対象，調査項目といった逆転発想で考えよう。そして説得力のあるリサーチ企画を作成するためには，ぜひ質的調査の間に量的調査を挟んだ，「上質のパンと山盛りの具のサンドイッチ方式」をおすすめしたい。

　目的に応じた調査テーマを熟考して，各場面に最適なテーマを設定し，そこからリサーチ企画を立てていくことが何よりも重要になるだろう。

　注
　1）製品ライフサイクル（product life cycle）とは，認知度が低く需要量も低い導入期，需要が喚起され，売上，利益の急上昇する成長期，マーケットシェア，競合状況が安定して，パイの奪い合いとなり，ブランド・ロイヤリティを高めることが必要な成熟期，売上，利益ともに衰退する衰退期の4つに分かれる。各段階毎に異なる課題が存在する。
　2）第6章でも触れるが，ラッシュは差異性があり，不平等なものとなる内在的（内包的）文化（intensive culture）を同一で平等である外在的（外延的）文化（extensive culture）と対照させて論じている（Lash 2010）。

23

第 3 章

量的調査（定量調査）の思考

ここでは量的調査の思考について考えよう。

　量的調査とは一定数以上サンプルに対して，構成的調査票を使ってデータを収集する方法である。客観的，体系的にデータを収集するもので，代表性があると考えられる。性別，年齢，地域などいろいろな属性の人を対象者に選べる。また一人の対象者から大量の情報が得られる。情報は数量的統計的に処理されて，消費者行動論，確率論を前提に分析される。結果には反復性があると考えられている。購入記録や飲用記録などを含む実態の記述型リサーチや，施策の事前，事後や製品の使用前後の評価を求める成果のモニター型のリサーチ，因果関係を明らかにする因果法リサーチなどの主たる手段となる。

　かつてはリサーチの中心として君臨していたのが量的調査である。今でもその影響力，数字の語る力は大きい。

第3章 量的調査（定量調査）の思考

1 量的調査の種類

　量的調査の調査方法としては主として以下のようなものがある（図表3-1参照）。調査結果のイメージをできるだけ具体的に思い浮かべて，求めたい情報に応じた調査方法を選択しよう。

図表3-1　量的調査の調査方法

個別面接聴取法（face to face interview）
留置調査法（self-administrated）
郵送法（mail survey, postal survey）
電話法（telephone survey, telephone interview）
セントラル・ロケーション・テスト（central location test）
インホーム・ユース・テスト（in home-use test）
観察法（observation method）
店頭調査（store intercept）
インターネット・リサーチ（internet research）

（出典）　上田拓司，2004，『マーケティングリサーチの論理と技法　第2版』日本評論社に加筆修正。

　簡単に各手法について説明しておこう
　個別面接聴取法は1対1でインタビュアが対象者個人に直接面接し，調査票に基づいて質問を読み上げ，必要に応じて回答リストやコンセプトカード，写真などを提示する方法であるが年々実施が困難になっている。正確で，標本の代表性がある，情報量が多い（30分ぐらい，12ページぐらいまで）といった特徴がある。また調査員が介在するために，自由回答にプルービング（問い直して確認すること）できるし，複雑な指示も可能であり，対象者の誤解もすぐ訂正できる。
　リスト，絵，写真，ビデオ，現物製品等を手にとって見るこがとでき

27

る。自宅などで実施するので，本人に面接，本人だけの意見が得られる。また自記入調査と異なって，純粋想起（非助成認知 un-aided awareness）[1]を測定することできる。

　郵送法は**自記入調査票**（self-administered questionnaire）を対象者に郵送，返送してもらう手法である。現在は約20％の回収率なので，名簿の確保といかに回収率を上げるかということがポイントである。大量のサンプルを確保することができ，海外調査も国内どのような地域も調査できると，在宅率の低い対象者にもアプローチできること，数の調査担当者で実施できること，回収率が高ければコストがかからないことが特徴である。またかなり質問量が多くても協力が得られる。インタビュアーの質問の性格によるバイアスが入らない。一方で自由回答のプルービングや非助成認知が測定できない。

　セントラル・ロケーション・テストは会場テストである。会場周辺のストリートキャッチング[2]によって適格対象者を選択し，会場調査に協力してもらう。製品テスト，コンセプトテスト，パッケージテスト，コマーシャルテストなどに活用される。テスト環境品すべての対象者にとって均一であり，製品やコマーシャルなど提示物の順序は正しくコントロールすることができる。現物を観察したり，手に取ることもできる。調査期間が短い。一方ストリートキャッチング法を取るためサンプルの代表性は高くない

　製品によっては会場テストが無理な場合もあり，その場合は家庭内で**インホーム・ユース・テスト**を行う。また新製品調査などの上市前の最終段階では，セントラル・ロケーション・テストよりもインホーム・ユース・テストによる購入意向の測定のほうが，より消費者の現状に即した結果が得られる。たとえば食パンは90％がトーストされて食べられるので，会場で食べるよりも各家庭で好みの焼き加減で好みのものをつけて食べてもらう方が，より現実の場面を反映した結果が得られる。

観察法は，対象者，対象物に対して，能動的に機能させないで，観察者が，五感またはビデオや録音テープなどの機材を使って記録する方法である。店の出入り客数，駅や道路の通行者数など，公然型のものと，ハーフミラーなどを使う秘密型のものがある。人為的に陳列などを行う場合と，通行量調査（パーソン・トリップ）などありのままをとらえるケースがある。また通行量調査のように観察の手順が厳密に決まっているものと，タウンウオッチングのように決まっていないものがある。

　インターネット・リサーチは，100万人以上の規模のインターネットユーザーをモニターとして組織化して，目的に合致した会員に調査を依頼するものである。調査票のみを送り場合と動画や写真つきの調査票を，webをもちいて送る場合がある。チャットを用いた質的調査も可能である。パソコン保有者としての均一なセグメントが対象となり，地域的な制約がないので海外調査も可能である。また，時間を選ばないし，回答を考える時間も十分にある。メッセージが残せるし，絵や写真も送信できる。調査期間が短く，経費が安い。最近大きく増加している調査方法である。

2　調査票の作成

　次に調査項目に沿って調査票を作成する。

　調査の課題から，調査項目を作成する。次に，調査項目から質問項目へ，質問項目から質問文作成と順番に落としていく。

　一例として新製品開発調査や既存品の追跡（tracking）調査や知名率調査の調査項目を示してみよう（図表3-2，3-3参照）。

　調査票は質問文を適切な順序で，配置したもので，通常8-12ページぐらいである。テーマにもよるが，時間にすれば，30分程度までである。

図表3-2　新製品開発調査の調査項目例

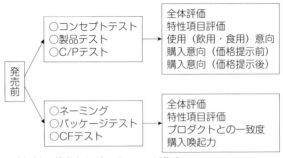

（出典）　筆者ならびにインテージ作成。

図表3-3　既存品追跡（トラッキング），知名率調査の調査質問項目例

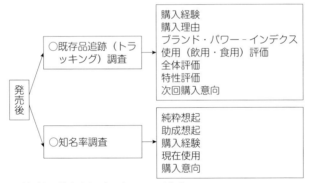

（出典）　筆者ならびにインテージ作成。

実査に入る前に必ずプリテストを実施することが求められる。

　調査票の作成に当たっては，質問は大分類から小分類へという順序をとるように並べる。ただし，論理的な順序は厳守したい。またテーマが変わるときにはそれを明示する。最初は答えやすい簡単な質問から始めて徐々に対象者とのラポールを築いていく。欧米の調査票おいては属性をプロファイル（profile）として最初にたずねることが多いが，日本の調査票では対象者属性（フェースシート）は最後に「あなたご自身につい

ておたずねします。」と質問することが多い。

カテゴリーの尺度には 1 男, 2 女 のような**名義尺度**（nominal scale）, 1 朝, 2 午前, 3 昼, 4 午後, 5 夜 のような**順序尺度** (ordinal scale), 1時, 2時, 3時, 4時, 5時, 6時, 7時, 8時, 9時, 10時, 11時, 12時 のような**間隔尺度**（interval scale）, 温度計で何度と示すような**比例尺度**（ratio scale）がある。後者になるほど数値化しやすく, モデル作成時に使いやすい。また1「非常にそう思う」2「そう思う」3「まあそう思う」4「どちらともいえない」5「あまりそう思わない」6「そう思わない」「全くそう思えない」と7段階でワーディングしても必ずしもその間が等間隔ではない。カテゴリーの言語によるバイアスを防ぐために, 1「非常にそう思う」7「全くそう思わない」だけにして, 数直線に区切りを入れたり, 数直線上に印をつけてもらうこともある。温度計を示してそこに印をつけてもらう生活の質満足度, QOL（quality of life）の表示の仕方などもある。

また10点満点や100点満点で回答してもらうこともある。後で触れるが, 重回帰分析などを使ってモデルを作成する場合はできるだけ質問間の尺度を統一し, かつ10点満点や100点満点など, きめ細かなほうが精度の高いモデルが作成される。

よい調査票とは, ワーディングのポイントとして, 簡潔, 難しい言葉を使わないこと, 理解できない言葉は使わないこと, 1つの質問は1つのことを聞くこと, 曖昧な意味を含まないこと, 誘導尋問, 偏りのある質問をしないこと, 質問が分かれたり飛んだりするときには的確な指示をすること, 仮説があるときはそれを検証できる設計にすること, 調査票のフォーマット集計作業にマッチ（単数回答と複数回答の識別を行っておく）などが必要である。

カテゴリーの順序バイアス・調査票や選択肢の順序の影響も受けるのを防ぐため, 2種類以上の異なる順序の調査票を作成することもある。

また調査票のレイアウトを質問意欲，回答意欲を高めるように工夫することも求められる。たとえば，空いたスペースにかわいいイラストを挿入するなどの工夫も有効であろう。なお，実験的にさまざまな色の調査票を郵送したところ，薄いピンクの調査票の回収率が最も高かった。

　自由回答（open ended）が用いられることもある。自由回答の長所はバラエティに富んだ回答や予期しない回答が得られること，結果をより深く分析できること，新鮮な生の言葉が得られること，コード化されないまとまった回答が得られること，プリコードのカテゴリーが用意できないときに便利であることなどである。いっぽう，短所としては，発言量に対象者で開きがあること，インタビュアーの質問のしかたで回答が変わること，アフターコーディングのときの判断が難しい場合があること，プリコードされた回答に比べて回答時間が長くなることなどである。そのときのテーマに応じて上手に自由回答を用いれば，質的情報でもあるので，深い分析やコメントの作成に役立つことが少なくない。

　一例として郵送調査「エネルギー・環境・経済についての調査」（巻末資料1）とインターネット調査「都市と市場に関するアンケート」（巻末資料2）の調査票を提示しておこう。「都市と市場に関するアンケート」では，最初にカテゴリーによる先入観を与える前に，各都市のイメージを自由回答で求めている。この自由回答は対象者の記述をそのままテキスト入力しているので，ざっと目を通しているだけで，対象者の各都市に対する素朴なイメージが伝わってくる（巻末資料3参照）。

3　サンプリング

　量的調査の多くは，母集団を代表するように，設計された標本調査で

ある。一定の誤差範囲内で母集団の真の値を推計しようとする。母集団からサンプルを抽出するすべての組み合わせにおいて統計値の総平均は，母集団の真の値に等しい。また母集団から抽出した任意の組み合わせのサンプルの統計値は，確率的に母集団の真の値に近似すると考えられる。

　抽出の仕方には，乱数表により必要な個数の乱数を取り出して一致したものを抽出する単純無作為抽出（simple random sampling），母集団の地域が広いときに，まず市町村を選び次にエリアを抽出して世帯を抽出するような多段抽出（multi-stage sampling），母集団を構成する抽出単位を性，年代などによるいくつかの層に分けて抽出する層化抽出（stratified sampling），非確率抽出法で，属性を考慮してその構成が母集団と一致するように調査対象を割り当てる割当抽出（quota sampling）などがある。

　最近では，個人情報保護などのため，住民基本台帳の閲覧が非常に困難となっているので，インターネット調査など，割当抽出を用いて，調査会社が100万人以上の名簿を持っているモニターから抽出する調査が増加している。

　サンプルサイズの大小を決める条件として比率から計算する必要サンプル数として，

　　　　標準誤差 $= \sqrt{pq/n}$　$(q = 1 - p)$
　　　　信頼区間 $= p \pm k \times$ 標準誤差　$(k = $ 信頼度係数$)$
　　　　信頼度95のときは1.96
　　　　標本誤差の大きさ例（$p = 50$％としたとき）

　標本数100のときは標本誤差の大きさ9.8％，標本数400のときは4.9％，標本数2500のとき2.0％，標本数10000のときは1.0％となり，標本数は多ければ多いほど信頼区間が狭まり，データの信頼度が増すことがわかる。

4 実　　査

　実査を行う場合，いきなり本調査を行わずに，まず，数人を対象にプリテストを行い，調査票の不備なところ，誤解を受けるかもしれないところなどを修正する。ついでクライアントとのジョイントミーティングや調査員の説明会を行い，模擬面接（ロール・プレイイング）を実施する。

　実査が始まったら初票点検を行って，初票において調査員の不十分な点などを補足する。

　専門調査員ではなくアルバイト調査員を依頼するときには，回収までにインスペクション（訪問や質問を正しく行ったか確認する）を実施する。

5 エディティング，コーディング，インプット

　まず各調査票に独立の番号の対象コードを振る。

　次いで調査票を見直して，その他に記入があるのに○がついていないなどの不完全なところを赤で修正する。自由回答やその他の欄のコーディングを行う。

　エクセルでインプットする。単数回答の場合はカテゴリーの桁数，複数回答の場合はカテゴリーの数（各々1か0を記入）プラス1（無回答）のカラムが必要である。

　インプット後に上限値や下限値を設定して異常値を発見して原票に帰ったり，時間，分など単位が違っていたり，矛盾するデータを修正して

第3章　量的調査（定量調査）の思考

いく作業も必要である。

　自由回答はそのままテキスト形式で入力することが多い。第6章でも述べるが，最近ではテキスト・マイニングといって，テキストデータを統計的に解析して，何らかの知見を導き出す手法も開発されている。

6　集　　計

　単純集計とは，調査対象全体を100として分布を出す集計である（図表3‐4参照）。

　クロス集計とは，2つ以上の変数をクロスした集計である。性別，年齢別などとともに，リサーチ・テーマと関係するような自由になる時間，自由裁量資金，主使用ブランド，ロイヤリティー，購入量などでもクロスを行う。3重クロス4重クロス5重クロスなどを行う場合もある（図表3‐5参照）。どのような数値を抑えておくことが求められるのか，調査の目的を踏まえたうえでアウトプットイメージを明確にもつことがクロス集計表の計画において重要である。

　基本的統計量の算出として平均，分散，標準偏差，相関係数など以下のものは押さえておこう（図表3‐6参照）。

図表 3‑4　単純集計の例　市場や社会についての意見

Q7　市場や社会についての考え方【SA】

REPORT. NO: 0086 1段目　度数　平均 2段目　横％　積上値	TOTAL	1 非常にそう思う （＋3）	2 ←	3 ←←	4 どちらともいえない（0）	5 →→	6 →	7 全くそう思わない（－3）	8 不明	9901 平均
0053: Q17　GT 表										
LAYER 1: F11　住居都市 〈0000〉 TOTAL										
1）街はものづくりで成り立つ	676 100.0	97 14.3	111 16.4	198 29.3	211 31.2	37 5.5	8 1.2	14 2.1	0 0.0	0.9 616
2）街は商店街や飲食店の賑わいが大切だ	676 100.0	199 29.4	213 31.5	175 25.9	79 11.7	7 1.0	3 0.4	0 0.0	0 0.0	1.8 1,185
3）街は観光地としての魅力が大切だ	676 100.0	108 16.0	167 24.7	199 29.4	147 21.7	41 6.1	6 0.9	8 1.2	0 0.0	1.2 780
4）街はコンサートや美術館など文化の魅力で価値が決まる	676 100.0	46 6.8	89 13.2	174 25.7	231 34.2	62 9.2	34 5.0	40 5.9	0 0.0	0.4 240
5）街は教育や福祉など住みやすさで決まる	676 100.0	168 24.9	191 28.3	180 26.6	114 16.9	13 1.9	5 0.7	5 0.7	0 0.0	1.5 1,028
6）所得の増加を何よりも重視する	676 100.0	45 6.7	82 12.1	160 23.7	267 39.5	80 11.8	14 2.1	28 4.1	0 0.0	0.4 267
7）所得増加よりも労働時間の短縮を重視する	676 100.0	31 4.6	78 11.5	139 20.6	299 44.2	77 11.4	20 3.0	32 4.7	0 0.0	0.3 175
8）所得増加よりも社会保障を重視する	676 100.0	74 10.9	134 19.8	181 26.8	223 33.0	43 6.4	10 1.5	11 1.6	0 0.0	0.9 575
9）雇用の安定が何より大切だ	676 100.0	213 31.5	146 21.6	182 26.9	109 16.1	12 1.8	7 1.0	7 1.0	0 0.0	1.6 1,066
10）市場に任せておけば経済はうまくいく	676 100.0	7 1.0	19 2.8	43 6.4	228 33.7	163 24.1	78 11.5	138 20.4	0 0.0	-0.9 -631
11）社会にはセーフティーネットが不可欠だ	676 100.0	115 17.0	148 21.9	193 28.6	177 26.2	27 4.0	13 1.9	3 0.4	0 0.0	1.1 772
12）競争するよりも共存したい	676 100.0	92 13.6	94 13.9	171 25.3	228 33.7	52 7.7	22 3.3	17 2.5	0 0.0	0.7 488
13）途上国の経済発展の方が先進国の経済危機より深刻だ	676 100.0	58 8.6	69 10.2	100 14.8	302 44.7	76 11.2	38 5.6	33 4.9	0 0.0	0.2 161
14）将来世代の利益のほうが自分たちの世代の利益よりも大	676 100.0	39 5.8	67 9.9	129 19.1	327 48.4	58 8.6	26 3.8	30 4.4	0 0.0	0.3 180
15）ひとりひとりのライフスタイルが変わらなければ，地球	676 100.0	254 37.6	142 21.0	161 23.8	85 12.6	21 3.1	6 0.9	7 1.0	0 0.0	1.7 1,153
16）街の商店街やショッピングモールなどの市場（いちば）	676 100.0	113 16.7	152 22.5	210 31.1	157 23.2	22 3.3	13 1.9	9 1.3	0 0.0	1.2 778
17）ネットショッピングのサイトなどネット上の市場（しじ	676 100.0	46 6.8	65 9.6	158 23.4	210 31.1	75 11.1	61 9.0	61 9.0	0 0.0	0.1 46
18）街は社会の大きな財産なので大切にしたい	676 100.0	179 26.5	160 23.7	201 29.7	127 18.8	7 1.0	1 0.1	1 0.1	0 0.0	1.5 1,046

（出典）　中西眞知子，2014『再帰性と市場』ミネルヴァ書房。

第3章 量的調査（定量調査）の思考

図表3 - 5　クロス集計の例　居住都市別各都市の満足度

Q10　現在住んでいる都市の満足度【SA】

REPORT. NO: 0061	TOTAL	1	2	3	4	5	6	7	8	9901
1段目　度数　平均 2段目　横%　積上値		非常に満足 （＋3）	←	←←	どちらともいえない（0）	→→	→	非常に不満 （－3）	不明	平均
0001: F11　住居都市										
0）TOTAL	676 100.0	112 16.6	250 37.0	185 27.4	62 9.2	31 4.6	16 2.4	20 3.0	0 0.0	1.3 898
1）東京	229 100.0	44 19.2	82 35.8	62 27.1	22 9.6	10 4.4	2 0.9	7 3.1	0 0.0	1.4 323
2）名古屋	237 100.0	38 16.0	93 39.2	68 28.7	22 9.3	6 2.5	6 2.5	4 1.7	0 0.0	1.4 338
3）大阪	210 100.0	30 14.3	75 35.7	55 26.2	18 8.6	15 7.1	8 3.8	9 4.3	0 0.0	1.1 237

（出典）　中西眞知子，2014『再帰性と市場』ミネルヴァ書房。

図表3 - 6　基本統計量

$$
\begin{aligned}
&平均 \quad x = 1/n \Sigma x_1 \\
&分散 \quad sx^2 = 1/n \Sigma (x_1 - x)^2 \\
&標準偏差 \quad s_x = \sqrt{s_x^2} \\
&相関係数 \quad s_{xy} = 1/n \Sigma (x_1 - x)(y_1 - y)
\end{aligned}
$$

（出典）　上田拓治（2004）『マーケティングリサーチの
論理と技法　第2版』（日本評論社）に加筆修正。

図表3 - 7　多変量解析の分類

		説明変数	
		量的データ	質的データ
目的変数あり	量的データ	重回帰分析 正準相関分析 AID分析 分散分析	数量化Ⅰ類 コンジョイント分析
目的変数ありグループ	質的データ	判別分析	数量化Ⅱ類
目的変数なし	相互依存解析	主成分分析 因子分析 クラスター分析 MDS分析	数量化Ⅲ類 コレスポンデンス分析

（出典）　上田拓治（2004）『マーケティングリサーチの論理と技法　第2版』
（日本評論社）に加筆修正。

7 多変量解析

　多変量解析とは，3つ以上の変数の関係についての解析である。いくつかの変数の関係を同時に調べる統計技法である。たくさんの多重クロス集計表を同時に見渡すことによる煩雑さを軽減することができる。

　多変量解析の主たる手法を示すと以下のようになる（図表3-7参照）。

　多変量解析の考え方をつかむためには，まず目的変数 y のある**重回帰分析**（multiple regression analysis）を最初に試みるといいであろう。重回帰分析とは量的データの目的変数 Y の変動を p 個の量的データの説明変数 x_1, x_2, x_3 ……, xp で説明もしくは予測しようとする手法である。目的変数と説明変数の重相関係数の2乗の決定係数が，回帰モデルがどれだけフィットしているかを表わす。

　最も明らかにしたい項目を目的変数として，どの説明変数がどれだけその目的変数に寄与しているかを明らかにするという解析法である。

　数量化1類（dummy variable regression; quantification methods of the first type）は広告や販促の効果を要因分析したり，予測のために使われる。$i = \Sigma\Sigma xjk \quad i_{(jk)}$ $(i = 1, 2, \dots\dots, n)$ 重回帰分析の説明変数を質的データにしたものとしてとらえてもいい。

　コンジョイント分析（conjoint analysis）は新製品計画や現行製品の改良計画のために，製品の属性（パッケージ，ブランド，価格など）の各水準（価格なら3000円，5000円，7000円など）の組み合わせの中でどの組みあわせが，消費者によく受け入れられるかを知りたいときに有効である。各属性の重要度は，属性の水準による効用値変化の幅（寄与率）で決まる。

第3章　量的調査（定量調査）の思考

以下の二つは目的変数がグループ分けである。

判別分析（discriminant analysis）は広告や販促の効果についての要因分析やイメージ分析に使われる。質的データを基準変数として n 人の対象者が2グループに分かれているとき，p 個の説明変数で，判別関数を求める。$Z = \Sigma aixi$ を判別関数としてグループ間の分散比（相関比の2乗）を最大にするように係数 ai を求める。

数量化Ⅱ類（dummy variable regression; quantification methods of the second type）の使われ方は判別分析とほぼ同様であるが，説明変数が，質的データである。$Z = \Sigma\Sigma xjk \quad i_{(jk)}$ $(i = 1, 2, ..., n)$ において，カテゴリースコア x は Z の値における相関比が最大になるようにして求める。

以下は目的変数 y は存在せず，リサーチャーが抽出された軸や因子などの結果の意味を解釈するものである。

主成分分析（principal component analysis）はイメージ分析やブランドの選択理由の分析などに用いられる。相互に関連のある多くの量的データの変数を少数の主要な成分に集約する手法である。$Yi = a_1x_1i + ...apxpi$ において，係数 a の2乗和 $= 1$ の条件で y の分散を最大にする。

因子分析（factor analysis）は，元来，心理学において発見された分析手法で隠れた潜在的共通因子を見つけ出すものである。マーケティングへの適応範囲は広く，ブランドポジショニング，イメージ分析，セグメンテーションなどに使われる。

$Zij = a_1ixi_1 + ...akjxik$

zi：実測値　　xjk：共通因子　　akj：共通因子負荷量

因子負荷量の2乗和を最大にする条件をとる主因子法で直接解を求め，バリマクス回転で因子負荷量の2乗の分散を最大にする直交条件で，回転解を求める。

数量化Ⅲ類（dummy variable regression; quantification methods of the third type）セグメンテーション，ブランドポジショニング，ターゲットの決定，などにイメージ分析，ブランド選択理由の分析などに使われる。互いに似た回答パターンの対象者が近似した数量を持つように，回答されやすい質問項目が近似した数量をもつように数量化する手法である。

$$Yi = \sum\sum xjk \; i \; _{(jk)}$$

カテゴリースコア x は対象者と質問項目の相関が最大になるように数量化する。

コレスポンデンス分析（correspondence analysis）は対応分析とも呼ばれ，ブランドのポジショニングやイメージ分析に用いられる。数量化III類と同様に，クロス表の表頭と表側の相関係数を最大にするように数量化する手法である。

MDS 分析（多次元尺度法：multidimensional scaling）とは新製品開発のためのポジショニング，現行製品のリポジショニング，イメージ分析などに使われる。MDS は多くの変数をできるだけ少ない次元数の空間上に視覚的に布置する。ブランド間の類似度，ブランド間の選好度，ブランドの特性評価などのデータがインプットされる。

クラスター分析（cluster analysis）はブランドポジショニング，マーケットセグメンテーション，ターゲットの決定などに使われる。因子分析や主成分分析から得た個人の因子得点を利用して対象者をいくつかのグループ（クラスター）に分割する。似たもの同士が同一グループになるように分析する。階層的クラスタリングと非階層的クラスタリングがある。級内分散を最小に，級間分散を最大になるように分割する。

多変量解析を計画し実施するときにも，そのリサーチの目的をいつも念頭に置いて，それを最も的確に示すことのできる手法や変数を選択していくことが求められる。納得のいく結果が得られるまで何度も試行錯誤を繰り返して結論のイメージに最も近い解析結果を選択して採用していこう。

第3章　量的調査（定量調査）の思考

8　分析コメントの作成

　さらに，集計や解析の結果に基づいてコメントを書いていこう。

　コメント作成のときには，まず，全体から述べていき，大きなものから小さなものへと展開していく。主語を忘れないで，事実と分析者解釈を混同しないように気を付ける。

　解釈にはリサーチ結果から読み取れることに加えて，参考文献やセカンダリー・データを加えて説得力を増してもいい。リサーチャーの解釈がどのようなものか，説得力を持って書くことが大切である。重要な内容は，表現を変えて繰り返す。

　また「読むより見たい」という読者心理を満たすために数表図表の作成を行う。単数回答は帯グラフ，複数回答は，棒グラフか折れ線グラフを用いることが多い。

　調査の目的と視点を確認し，集計解析結果から，リズム感，ストーリー性を大事にしてリサーチャーが物語を作成するつもりでコメントして行こう。

　以下は量的調査のコメントとグラフの例である（図表3‐8，3‐9）。

　図表3‐8は市民意向調査と企業調査に2020年のエネルギー事情の予想をするという全く同じワーディングの質問をしてそれを比較してコメントしている。また文献から引用して調査結果から読み取れることの解釈をより深めている。

　図表3‐9は平均値を用いた分析と重回帰分析のアウトプットとそれに対するコメントの例である。エネルギー，経済，環境の重視度の経年変化を平均値で物語るとその推移が鮮明になる。

41

図表3-8　量的調査のコメントとグラフ例

　2020年の日本のエネルギー予想については，楽観派14％に対し，悲観派が63％を占めていた。そして悲観理由のトップが「消費中心のライフスタイル」（79.0％）で，二位が「世界的に人口は増加し，資源が入りにくくなる」（57.1％）三位が「国が効果的なエネルギー対策を行えない」（42.2％）であった。（図表1参照）
　ギデンズは，「地球温暖化に対する懸念は，地球の気候がもはや自然界のもたらす道理ではないという事実に起因している」（Beck, Giddens, Lash1994=1997 : 147）と地球環境問題が，人間社会の近代化によって作られた社会的なものである点を強調する。彼は，単純な近代化とは西欧的な合理性を反映し，社会を一直線に富の増大や質の向上へと向かわせるものであるが，これに対して再帰的近代化は，近代化そのもののもたらす限界，矛盾，困難と折り合いをつけていくものであると区別してとらえている。地球環境問題は，単純な近代化のもたらしたものであるが，再帰的近代化のなかで，近代化と折り合いをつけて解決してゆくべき現象のひとつとして把握している。そのことをエネルギー事情が悪くなるのは「消費中心のライフスタイルから」と市民は自らの行動がもたらしているものであると自覚しているようだ。

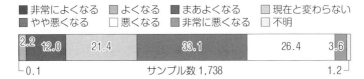

図表1　2020年のエネルギー事情予想（市民）

悪くなると予想する理由　上位5位
　1位　消費中心のライフスタイルのままでいる　　　　79.0％
　2位　世界的に人口が増加し資源が入りにくくなる　　57.1％
　3位　国が効果的なエネルギー対策をおこなえない　　42.2％
　4位　エネルギー使用の効率化が進んでいない　　　　38.7％
　5位　原子力による発電が頭打ちになり電力不足　　　33.9％

　これに対して企業のエネルギー担当者は，楽観派32.3％，悲観派43.7％である。企業は，自分たちの技術力に対する自負のためか，市民よりも楽観的である。楽観派32.3％に対して悲観派が43.7％である。自らの省エネ技術に対する自負のためか，消費者よりも2020年エネルギー見通しに関して楽観的である。悲観理由としては，消費者同様「消費中心のライフスタイル」が一位にあげられる。楽観理由としては，太陽エネルギーの利用と並んで，家電やガス器具，車などのエネルギー仕様の効率化が上げられている。
　企業のエネルギー担当者としての自らのかかわり方が地球環境との密接な関連性を持っていると認識していて，自分たちの技術によって，プラス方向に導けるのではないかという，自らの関与による働きかけに希望を託すことによって，比較的楽観的な予想が示されるものと考えられる。

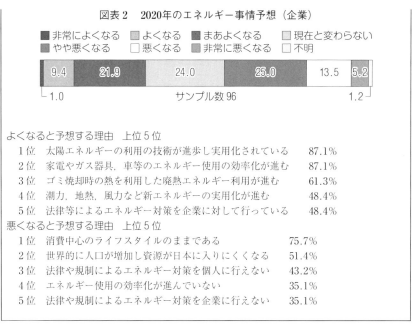

図表2　2020年のエネルギー事情予想（企業）

よくなると予想する理由　上位5位
1位　太陽エネルギーの利用の技術が進歩し実用化されている　87.1%
2位　家電やガス器具，車等のエネルギー使用の効率化が進む　87.1%
3位　ゴミ焼却時の熱を利用した廃熱エネルギー利用が進む　61.3%
4位　潮力，地熱，風力など新エネルギーの実用化が進む　48.4%
5位　法律等によるエネルギー対策を企業に対して行っている　48.4%

悪くなると予想する理由　上位5位
1位　消費中心のライフスタイルのままである　75.7%
2位　世界的に人口が増加し資源が日本に入りにくくなる　51.4%
3位　法律や規制によるエネルギー対策を個人に行えない　43.2%
4位　エネルギー使用の効率化が進んでいない　35.1%
5位　法律や規制によるエネルギー対策を企業に行えない　35.1%

（出典）　大阪ガスエネルギー・文化研究所，インテージ（2001），中西眞知子（2007）『再帰的近代社会』（ナカニシヤ出版）に加筆修正。

またエネルギーの確保（energy），経済成長（economy），地球環境保全（environment）の3つのEの調和可能性を目的変数として，地球環境実態に関する意識や実態を説明変数として27変数から7変数まで減じて（変数減少法SPSSを用いた）どの要因が高く影響しているかの説明を試みた例である。

図表 3-9 平均点や・重回帰分析を用いたコメント例

　エネルギーの確保，経済成長，地球環境保全の３つのパワーの比較ならびにその調和についてたずねた。3E の重視度を合計10点満点で求めると，現在は地球環境保全，経済成長は，平均3.5と同じ位の割合で，エネルギーが平均3.1とやや低い。が，将来は，地球環境保全を重視すべき＞エネルギーの確保を重視すべき＞経済成長を重視すべきといった順位である。重視割合をたずねると，2020年，2050年と，未来の予想になるほど，地球環境重視度が，4.1，4.4と高まり，これに対して，経済成長重視度は，2.7，2.4と未来の予想になるほど低下している。

図表 1　3E 重視度　現在，2020年，2050年

問29　3E パワー関係　平均値（10点法）							
		エネルギーの確保		経済成長		地球環境保全	
現在	→	3.0	+	3.5	+	3.5	＝10点
2020年	→	3.2	+	2.7	+	4.1	＝10点
2050年	→	3.2	+	2.4	+	4.4	＝10点

　さらに，3E の調和可能性意識にどのような要因が寄与しているかを求めるため，3E の調和可能性を目的変数として，家庭内のエネルギーの増減意向（給湯，冷房，暖房，調理，照明，動力，自家用車，テレビ・ステレオ・パソコンなどの家庭内のエネルギーの予想，年収増加率，自由時間増加率，エネルギー・地球環境・経済に対する意識，環境税へ賛否，環境に配慮した商品購入意向，経済と環境の重視度（現在，2020年，2050年）年収，自由裁量資金，自由時間，電気料金，ガス料金などを独立変数として，重回帰分析を行った。この結果，図表２のような重回帰式が得られた。大きく寄与している順に，「環境に配慮した商品購入意向」「家庭のエネルギー消費の減少意向」「エネルギーの価格を高くしても環境保全を重視するほうがいい」「2020年の経済の重視度」「ガス料金」「冷房のエネルギー消費減少意向」照明のエネルギー消費減少意向」「家庭のエネルギーの減少予想」などである。逆に，マイナスに寄与しているのは，「暖房のエネルギー消費減少意向」「先進国が率先して地球環境問題に取り組むべき」「調理のエネルギー消費減少意向」「2050年度の環境重視度」「環境税に賛成」などである。

　さらに，寄与率の低い変数や，内部相関の高いと思われる変数を順番に除去して，33変数から寄与率の高い11変数にまで減じたところ，

$$y = 0.430 \times 環境製品 + 0.307 \times 減少意向 + 0.241 \times 価格環境 + 0.161 \times ガス料金 + 0.054$$
$$\times 自由裁量資金 - 0.117 \times 年収 - 0.151 \times エネルギー予想 - 0.165 \times 環境2050$$
$$- 0.207 \times 暖房 - 0.212 \times 調理 - 0.232 \times 先進国 + 4.307$$

$$(R = 0.490, \quad R^2 = 0.240)$$

という重回帰式が得られた。

　ここから，環境に配慮した商品購入の意向を持ち，家庭におけるエネルギー消費の減少意向を持ち，環境保全のためにエネルギー価格の上昇は容認しているなど，日常生活において自らできることを実行しようとしている人が，最も 3E の調和可能性を信じて，考え，行動するという図式を読み取ることができる。これに対して，暖房や調理のエネルギー消費減少意向や先進国が率先して取り組むべきと考え，2050年の環境重視度が非常に高いなど，あまりに理想的な環境変革を望む人は，3E の調和可能性に対して悲観的であることが明らかになった。

　かなり非現実的な省エネルギーや環境重視よりも，日常生活のできることから実行していくこと，ある程度市場原理に委ねて，バランスの中で，エネルギー，地球環境，経済にかかわっていくことが，調和可能性への活動のポジティブな循環の形成につながることが明らかになったということができるであろう。

表2　3E の調和可能性を目的とした重回帰分析

重回帰係数（a）

モデル		非標準化係数		標準化係数	t	有意確率
		B	標準誤差	ベータ		
1	（定数）	3.898	2.098		1.858	.065
	減少意向	.281	.127	.200	2.218	.028
	給湯	-.060	.124	-.042	-.481	.631
	冷房	.138	.137	.098	1.009	.314
	暖房	-.239	.142	-.167	-1.680	.095
	調理	-.219	.161	-.124	-1.356	.177
	照明	.107	.127	.077	.846	.399
	動力	-.036	.139	-.025	-.258	.797
	自家用車	.051	.109	.040	.471	.638
	テレビステレオパソコン	-.079	.114	-.063	-.689	.492
	減少予想	.082	.107	.060	.768	.443
	エネルギー予想	-.143	.081	-.132	-1.773	.078
	年収増加率	-.001	.001	-.049	-.550	.583
	自由時間増加率	.001	.001	.067	.832	.406
	年収	-.103	.050	-.152	-2.050	.042
	自由裁量資金	.054	.028	.147	1.943	.054
	自由時間	.003	.005	.051	.706	.481
	電気料金	-.047	.112	-.040	-.417	.677
	ガス料金	.185	.111	.150	1.670	.097
	価格環境	.206	.151	.151	1.370	.173

	価格資源	.034	.147	.026	.230	.818
	市場	.067	.089	.060	.760	.448
	先進国	-.227	.130	-.147	-1.750	.082
	途上国経済	.016	.083	.014	.191	.849
	ライフスタイル	-.050	.108	-.036	-.466	.642
	環境製品	.369	.144	.228	2.558	.011
	環境税	-.198	.182	-.092	-1.087	.279
	将来の利益	.011	.298	.003	.038	.970
	経済現在	.001	.119	.001	.008	.993
	環境現在	.016	.142	.014	.112	.911
	経済2020	.219	.183	.161	1.196	.233
	環境2020	.063	.177	.049	.358	.721
	経済2050	-.141	.178	-.091	-.794	.428
	環境2050	-.208	.142	-.169	-1.469	.144
23	（定数）	4.307	1.058		4.069	.000
	減少意向	.307	.107	.218	2.859	.005
	暖房	-.207	.109	-.145	-1.902	.059
	調理	-.212	.126	-.121	-1.684	.094
	エネルギー予想	-.151	.071	-.138	-2.123	.035
	年収	-.117	.045	-.172	-2.581	.011
	自由裁量資金	.054	.024	.148	2.230	.027
	ガス料金	.161	.082	.130	1.950	.053
	価格環境	.241	.098	.176	2.454	.015
	先進国	-.232	.109	-.150	-2.139	.034
	環境製品	.430	.121	.266	3.555	.000
	環境2050	-.165	.081	-.134	-2.052	.042

a　目的変数：3e 調和

決定係数

モデル	R	R2乗	調整済み R2乗	推定値の標準誤差
1	.522（a）	.272	.129	1.44980
23	.490（w）	.240	.196	1.39252

a　予測値：(定数)，環境2050，年収，年収増加率，環境税，電気料金，ライフスタイル，
　将来の利益，テレビステレオパソコン，途上国経済，減少予想，エネルギー予想，自由
　時間，市場，自由裁量資金，経済現在，自家用車，調理，先進国，給湯，自由時間増加
　率，価格環境，減少意向，冷房，環境製品，照明，ガス料金，動力，経済2050，暖房，
　価格資源，環境現在，経済2020，環境2020。
w　予測値：(定数)，環境2050，年収，エネルギー予想，自由裁量資金，調理，先進国，価
　格環境，減少意向，環境製品，ガス料金，暖房。

第 3 章　量的調査（定量調査）の思考

分散分析（x）

モデル		平方和	自由度	平均平方	F 値	有意確率
1	回帰	131.380	33	3.981	1.894	.005（a）
	残差	351.018	167	2.102		
	全体	482.398	200			
23	回帰	115.905	11	10.537	5.434	.000（w）
	残差	366.493	189	1.939		
	全体	482.398	200			

a　予測値：（定数），環境2050，年収，年収増加率，環境税，電気料金，ライフスタイル，将来の利益，テレビステレオパソコン，途上国経済，減少予想，エネルギー予想，自由時間，市場，自由裁量資金，経済現在，自家用車，調理，先進国，給湯，自由時間増加率，価格環境，減少意向，冷房，環境製品，照明，ガス料金，動力，経済2050，暖房，価格資源，環境現在，経済2020，環境2020。
w　予測値：（定数），環境2050，年収，エネルギー予想，自由裁量資金，調理，先進国，価格環境，減少意向，環境製品，ガス料金，暖房。
x　従属変数：3e 調和

（出典）　中西眞知子（2007）『再帰的近代社会』（ナカニシヤ出版）を加筆修正。

　　量的調査の思考とは，結果のイメージが企画書作成段階から，調査項目や，質問項目の設定の段階，ワーディングやカテゴリーの作成，クロス集計や多変量解析を試みるときなど，どの段階においても念頭に置かれる必要があるものであろう。そして，分析の途中でそのイメージが揺れ動くようなことがあったら，ためらわずにその変化を取り入れて，リサーチのあり方も含めて再考することであろう。技法は思考にともなって自ずと見いだされるものであろう。企画段階とまるで異なったところに着地するような結果が得られるならば，それはパラダイム転換の機会として歓迎すべきであろう。

　　企画に立ち帰ってもう一度考え直してみよう。

　　統計的な数字を追い求めることに重心を置き，統計的有意差の有無を話題にすることが少なくない量的調査である。が，実はリサーチャーのどこに焦点を絞り，なにを明らかにしたいかという目的意識と，結果の

47

解釈においてどのように思考し，語るかということが大きく問われている。

注

1） 純粋想起または非助成想起（unaided awareness）とは，あらかじめ何の情報も与えないで対象者の頭に思い浮かぶものを答えてもらう想起方法である。これに対して，助成想起（aided awareness）は，「○○を知っていますか」と質問する方法である。このほか，パッケージを見せたり，コマーシャルを見せて質問するパッケージ想起やコマーシャル想起もある。

2） ストリート・キャッチングとは，会場テストなどを行うときに，その近くで適格対象者を見つけて調査を依頼する方法である。割当法抽出の一種と考えられる。

第4章

質的調査（定性調査）の思考

次に質的調査の思考について考えよう。

　質的調査とは，対象者の語りやイメージ，写真などの数値化できないデータを収集して，その意味を解釈する質的な調査法である。

　特定テーマの問題の構造を明らかにし定式化し，未知の分野についての基礎知識を得ることができる。また典型的な事例研究のため顕著な行動や態度を発見することによって，仮説の発見，仮説の精緻化は可能になる。構成的質問で収集しづらいデリケートな問題に対処し，生の消費者のことばの発見ができる。

　購買動機を深く探るときや，新製品のアイデアやコンセプトの創出，製品や広告のスクリーニングなどに使われる。

　また，量的調査の調査票のプリテストや量的調査の結果を肉付けしたり，多変量解析の要因の収集など，量的調査の事前調査や量的調査を補強する目的で使われることもある。

　最近，さまざまな領域でその価値が見直されて，注目されているのが質的調査である。

第4章　質的調査（定性調査）の思考

1　質的調査の種類

　質的調査の種類としては主として以下のようなものがある（図表4-1
参照）。

図表4-1　質的調査の種類

フォーカス・グループ・インタビュー（focused group interview） デプス・インタビュー（depth interview） 投影法（projective technique） エスノスノグラフィック法（ethnographic） 観察法

（出典）　上田拓司（2004）『マーケティングリサーチの論理と技法　第2版』（日本
　　　　　評論社）に加筆修正。

　各手法は以下のような特徴を持つ。
　フォーカス・グループ・インタビューは7～8人で構成される参加者
集団からなるディスカッションである。
　マートンがフォーカス・グループ・インタビューの父と考えられてお
り，彼がコロンビア大学に勤めていときに，資料情報局が戦意高揚のた
めのラジオ番組に対する聴衆の反応を知るプロジェクトに加わったこと
に端を発するという（Vaughn et al 1996=1999：6-9）。ベック，トランベ
ッタ，シェアによればフォーカス・グループ・インタビューとは，「具
体的な状況に即したある特定のトピックについて選ばれた複数の個人に
よって行われる型式ばらない議論」である。フォーカス・グループ・イ
ンタビューの，研究のための応用としては，対象についての予備知識が
十分でない領域について調べる探索的アプローチ，情動や無意識的動因

51

を探るために心理的弛緩効果を用いる心理学的方法にヒントを得た臨床的アプローチ，リサーチャーがトピックをより深く理解し，以前の考えと矛盾していたり，両義的だった情報を明らかにしようとして積極的に消費者の体験を体験する現象学的アプローチなどがある（Vaughn et al 1996=1999：31-34）。

90～120分ぐらいの座談会形式で，司会者が積極的な役割を果たす。その特徴は，集団内に発言の交互作用があるので，集団内で刺激を受けると参加者は競争して物事を考えることができるという点である。また，参加者の発言の様子が観察できる。司会者と，参加者並びに参加者同士の交互作用がうまく働けば，テーマに対して有益な結果を得ることが期待できる。

短期間に比較的安い経費で情報収集できるので，２時間ぐらいのインタビューなら司会者は疲れない。いっぽうで同時間，同じ場所に必要人数分集めることが難しい。また一人あたりの発言時間は限られるという限界もある。

極めてプライベートなテーマやデリケートなテーマの場合，参加者を意識して本心を話すことを控えることが懸念される。

デプス・インタビューとは個人深層面接とも呼ばれ，インタビュアーと対象者が１対１で面談して，所定のテーマについて深く，詳しく聴いていく方法である。

特徴として，詳しい情報が十分収集できること，対象者の価値観などまでさかのぼって聴くことができること，デリケートなテーマでも発言してくれる可能性が高いこと，対象者は他の人に邪魔されずに自分の考えを述べることができることなどがある。

いっぽうで，集団内の交互作用がないから，対象者の発言はインタビュアの質問だけから導かれる。個人面接だから対象者が競って考えをまとめることはないといった限界がある。

対象者個人の都合に会わせてインタビューができる反面，実施に移動などのために時間と経費がかかるため，対象者が多いとインタビュアなどの疲労が大きくなる。

投影法（プロジェクティヴ・テクニック）とは，対象者に，非構成的な人や物，状況などを提示して解釈してもらったり，説明してもらったり，作成してもらったりするという手法である。

語句連想法，文章完成法，物語法など主として言語を用いるものと，漫画完成法，絵画解釈法など，言語以外に絵や図や写真などを用いることもある。

また精神分析の作業療法にその由来をもつコラージュ法は絵や写真，文字などをハサミで切り抜き，台紙の上で構成し，貼り付けるという方法である。コラージュ（collage）とは膠（にかわ）による貼り付けという意味のフランス語でその語源はコラーゲン（collagen）から来ているという（http://www.kinjo-u.ac.jp/collage/instruction.html）。

エスノグラフィー法とはエスノグラフィーが，特定または固有の人間の文化について科学的な記述を扱う人類学の分野を指すもので，この手法は，人類学者が原住民を観察していたところに起源を持つ。

リサーチの世界では，専門の調査員がターゲットとする消費者の生の生活シーンや消費シーンに入り込んで，それらの実態を詳細に調べる手法である。人間の自然な状態や環境に対して，音声テープやビデオカメラによって記録をしたり，綿密なインタビューを行うために，詳細でリアルな情報がより全体的に得られる

観察法は調査の対象者，対象物に対して，能動的に機能させないで，観察者が，五感または機材を使って記録する方法である。通行量調査（パーソントリップ）や出入り客数の調査など量的なものもあるがタウンウォーチング質的な観察法もある。

通行量調査のように観察の手順が厳密に決まっているものとタウンウ

オッチングのように決まっていないものがある。また店の出入り客，駅や道路の通行者観察など公然型のものと，ハーフミラーなどを使う秘密型のものがある。ゴミ箱の内容のチェックなど，残されたものの観察と現在進行中の事象の観察がある。人為的に陳列などを行う場合と，ありのままを捉えるケースがある。また，観察者が，広場やカフェ，バーなどで行動を共にする参加型と観察場面には入り込まないで離れたところから観察する方法がある。

そのほかの質的情報として，リサーチャーが作成するもの以外に，古文書，議事録，日記，手紙，生活記録，報告書，作品，新聞，雑誌，パンフレットなどの文書，レコード，テープ CD，ラジオなどの音声資料，写真映画，テレビなどの映像資料も対象である（盛山 2004：249）。

2 実　　査

質的調査の実査に先だって，企画書を作成する。デプス・インタビューの企画書の例を示しておこう（図表 4-2 参照）。

質的調査の場合は目的に合致する適格な対象者を見つける有意抽出が一般的である。

企画書の，調査項目に基づいて，聴き取りしやすい順序でインタビューフローを作成する。90〜120分ぐらいを想定して時間配分を決めておくが，これらは対象者とやり取りの中で変わってくるものである。質問の順序もインタビューの場の状況に応じて適宜変えていく。ただし，リサーチャーは分析の視点をインタビューフローに記しておいて，いつもそれを頭において，焦点がずれないように配慮しながら，対象者が語りやすい順序でインタビューを行うことが大切である。

第4章　質的調査（定性調査）の思考

図表4-2　質的調査の企画書（例）

「市場（いちば）の再帰性」についてのデプス・インタビュー企画書	
1　調査の目的	市場の成り立ちや現状を調べ，各地域の社会や人々にどのような影響を及ぼしているのか，また，それらから影響を受けているのか，市場の再帰性を明らかにすることを目的とする。
2　調査の方法	ディプスインタビュー
3　調査の対象	各市場における商店の店主 東京築地，京都錦，大阪黒門の各市場 ロンドン　コベント・ガーデン，ボロ，ポートベロ，カムデン，グリニッジ，ピカディリーの各市場など。
4　調査項目	市場の成り立ちと歴史 市場規模， 市場の特色， 商品の推移， 客層の推移， 地域や地元の人々とのかかわり， 店で力を入れていること 今後の店の展望，市場の展望， 店主の夢 など
5　調査日程	2013年3月　日本の市場における調査 2013年8月，9月　英国の市場における調査
6　調査費用	交通費　　　　　　35万円 宿泊費　　　　　　20万円 調査対象者謝礼　10万円 印刷費その他　　10万円 計　　　　　　　　75万円

（出典）　筆者作成。

　場合によっては対象者とのインタビューのなかで，最初に考えていた分析の視点と異なった切り口が見出されることもあろう。そのときは，パラダイム転換の機会ととらえて，しっかりと記録しておこう。次の対象者のインタビューにはその視点も付け加えれば，より豊かなインタビューとなろう。

　できれば，対象者の発言を録音しておくことが望ましいが，対象者に拒否されたり，雑音があったり録音が難しい場所でのインタビューで録

音できない場合は，詳細なメモを取っておく。

　司会者は質問者は以下の要領でインタビューを進めていく（Vaughn et al., 1996=1999：53-62）。導入部においては挨拶のあとでインタニュイーの目的を説明しそのガイドラインを伝える。さらに参加者をリラックスさせるためにウオーミングアップとして自己紹介の後2，3分の簡単な質問を行う。

　本題に入ると，とりわけ全体を通じて質問の鍵となる概念の知識土台を確立して共通なものとする必要がある。鍵となる概念を定義して伝える。また，特に最初の質問は威圧的でない答えやすいものとすることが必要である。かなり話に慣れてきたところで答えにくい個人的な質問を入れる。

　なお筆者の経験では，日本のグループ・インタビューでは司会者が「Aさんいかがですか？」などと指名して発言を促す場合が多い。これに対して欧州，とりわけローマのグループ・インタビューでは何人かが先を争って同時に話し始める。2人準備した日伊の同時通訳者は通訳が不能になる。司会者は「今はAさんが話しているから，BさんCさんは黙って」と発言を制止して交通整理をしなくてはならない。司会者の役割が各文化によって異なることを実感した経験である。

　インタビューの終わり頃に参加者の回答から主要なテーマを確認して体系化する。会話には現れなかった論点についても改めて確認して，各メンバーにそれでいいかという確認する。

　最後に個人情報は漏らさないことを約束して，結果を公表するときには匿名にすること，映像は顔がわからなようにすることなどを伝えて承諾を得たことを確認する。参加者からの質問があればそれに答える。調査への協力への謝辞を表明して謝礼を渡す。また結果のフィードバックを求める参加者には送付先を確認しておく。

3 ブリーフィングとコメント作成

　インタビューの終了後にブリーフィングを行う。

　グループインタビューの場合は，司会者や書記などをまじえて，リサーチャーが司会をしてそのときのインタビューで得られた知見について，簡単にフリーディスカッションを行う。このとき，著者の経験では日本ではお茶かコーヒー，紅茶が出されるケースが多い。ロンドンでは紅茶とサンドイッチ，ローマではオープンサンドといっしょにワインがピッチャーで出てきて陽気な司会者に促されて，フリーディスカッションが弾んで深夜に及んだことがある。その後，テープ起こしや実査メモにもとづいて，インタビュー対象者ごとに発言記録を作成する。

　デプス・インタビューの場合も，テープ起こしや実査メモにもとづいて，インタビュー対象者ごとに発言記録を作成する。できるだけ実査の記憶が鮮明なうちに，素早く実査メモを整理しておこう。悪筆の筆者は自分で書いたメモを判読できなくて困った覚えがある。

　それを調査項目あるいは，分析項目ごとに各対象者について一覧表にまとめる。デプスインタビューのサマリー表の例を示しておこう（図表4-3参照）。項目別，対象者別に表を作成してまとめるといい。

　ここから，分析コメントを作成することになる。項目別に横方向にコメントしていく場合と，対象者別に縦方向にコメントしていく場合がある。そのときの調査目的に応じてどちら向きの表のコメントがふさわしいか判断しよう。各対象を項目別に比較した方がいいか，1人の対象者の全項目を読み取った方がいいかは，そのときの目的次第で異なる。

　分析，コメントの作成注意事項として以下のようなものがある。まず

表 4-3① 日本の市場 インタビューサマリー

	築地場外市場商店街振興組合 事務局長　I氏
歴史, 市場規模, 特色	築地という地名は, 築地本願寺の建立のために佃島門徒宗が海を埋め立て小さなお寺を築いたことに始まる。そうしてできた門前町に 1925 年, 関東大震災で焼かれた日本橋の魚河岸が移転。1935 年にオープンした。これが場内市場の始まりである。1 日平均の魚取り扱いだから 2300 t と世界一。場外は場内よりも広域エリアで卸売りが中心。 その場外に小売りもする場外市場が形成された。せりや仲買中心で愛想のない場内市場と比べて場外市場は一般人も買い物がしやすい。現在約 300 店。 食に関するものは何でも揃う。 乾物の取り扱いが多いのも特徴。
商品, 客層の推移	飲食店が増えたが, これは古くからある店が目指すところではない。伝統的な店は卸売りを中心とした食材の販売を望んでいる。 現在は卸 7-8 割, 小売 2-3 割。 外国人観光客にも人気がある。
地域や地元とのかかわり	振興会, 共栄会, 海幸会の 3 つの会を合わせ N P O 法人築地まちづくり協議会を発足させた。年 4 回のイベントやプレゼント, 食育祭りを実施している。
力を入れていること	顧客の変化やニーズに応えていく。 場内とも相乗りしたい。 なかには, 後継者難の店もあるが, ネームバリューがあり自負心がある。古くからの店に対して喜代村などの新参店が挑んでいる。
今後の展望, 夢	場内市場が豊洲へと移転するという計画があるが, 場内市場が移転しても場外市場はこの土地でやって行きたい。駐車場の跡地などに賑わいゾーンを計画している。 中央区の人口が増加しているので, 中央区全体の飲食情報の発信地となりたい。
その他	ほとんどが賃貸店舗であるので家賃の負担は大きい。老朽化して空き家になっている店も少なくない。

	築地場外市場商店街 (有) 石上水産　I氏
歴史, 市場規模, 特色	ここにに来たのは 10 年ぐらい前だが, 二十数年前から, この商売をしている。
商品, 客層の推移	最近景気が悪いので観光客が減少している。 ここだけではやっていけないので, デパートの地下催事場などにも出店している。
地域や地元とのかかわり	七日市, 半値市等イベントには参加している。 焼いたものをすこし, 店先で売っているが, やっかみによる垂れ込みもあって保健所がうるさいこともある。
力を入れていること	魚を売ることマグロを売ることで安定した経営をしていきたい。 いまはすこし焼いたものも販売しているが。
今後の展望, 夢	ブログに乗っけたりクチコミを通じたりしたインターネットの利用も取り入れたい。 洋食志向の今の人の味覚もとり入れないといけないであろう。
その他	

	築地場外市場商店街 (株) 三宅水産　M氏
歴史, 市場規模, 特色	昭和 13 年に登録。
商品, 客層の推移	以前は卸のほうが多かったが, 今は小売が 7-8 割を占める。 埼玉や千葉からきてくれる顧客もいる。
地域や地元とのかかわり	場内との関係で毎日来てくれる顧客がいる。 場外市場全体がみんなで一致団結して盛り立てて, 集客力をあげていく。
力を入れていること	みんなで一致団結して盛り立てて, 集客力をあげていかなくてはならないだろう。
今後の展望, 夢	魚屋の伝統を守りつつ, 新しいことを考えたい。ネット販売なども考えている。
その他	自分の店なので家賃が発生しない分は助かっている。

	丸武　社長　I氏
歴史, 市場規模, 特色	大正 7, 8 年ごろから玉子焼き店をしている。 関東大震災後に日本橋から移転した。
商品, 客層の推移	客は増えている。卸 (寿司屋), 小売り半々。 外国人客が増えているがマナーがよくないのであまり相手にしたくない。

第4章　質的調査（定性調査）の思考

地域や地元とのかかわり	七日市，半値市，納涼会などのイベントに参加している。
力を入れていること	
今後の展望，夢	場内市場の移転計画が確定しないので動きが取れない。
その他	

	築地場外市場 （株）喜代村　広報・販売促進室（株）喜代村　広報・販売促進室　U氏，K氏， （マグロ2号店）T氏，S氏
歴史，市場規模，特色	1979年喜代村を立ち上げる。1999年に築地に24時間営業，年中無休の「すしざんまい」チェーンを立ち上げる。 美味しいマグロを提供。 2012年に青森県大間三億とマグロを5649万円で競り落とす。 現在約300億円（すし90億円）の売り上げ。 東京築地を中心に北海道から福岡まで約50店舗。 喜代村マグロ2号店は2011年11月から営業。
商品，客層の推移	うちの商品は寿司。一般の人たちを顧客として相手にしている。 場市場として築地のブランドがあるのでそれを生かしていきたい。 客単価は1500円ぐらい。 観光客は2割から3割。
地域や地元とのかかわり	本願寺の催しなどに参加。 地元とは共存共栄を目指している。 街の雰囲気，賑わいを大切にしていきたい。
力を入れていること	すしエンターテイナーを目指す。 外から人を入れていかないと町は活性化していかない。 喜代村塾ですし職人を育成している。 海外からの寿司職人の育成も今後増えていくであろう。
今後の展望，夢	「すしざんまいの味と心は築地から日本へ，日本から世界へ」 できたての寿司文化で日本を元気に。観光客にも日本にきたら日本の寿司を食べてもらいたい。 寿司文化を残していかなくてはいけない。 24時間営業のすし屋は日本にひとつしかない。
その他	

	築地場外市場商店街 （有）虎杖（いたどり）（ハレの日食堂） K氏，S氏，H氏
歴史，市場規模，特色	1999年京都虎杖，錦にオープン。 2002年築地表店，2004年築地裏店オープン。 ハレの日食堂2012年オープン。 築地のなかで，裏店，東店など7店舗ある。 そのほか軽井沢，黒瀬三郎鮮魚店などがある。 虎杖（いたどり）はタデ科多年草の山菜。虎杖のような強く広いネットワークを作っていきたいという思いから名づけた。虎杖というネットワークを中心にして人，物，情報が集まる存在でありたい。 ハレの日食堂の「ハレ」は特別な日。日常から離れておいしいものを食べにいこうよという意味を表す。 年商約15億。 スープの冷めない距離に何店舗かを経営するという集中出店による材料のコスト削減などのメリットを追及している。最初は刺身や寿司などに使う生食のうにを，時間がたてばパスタにまわすことができる。
商品，客層の推移	市場なので飲食と観光の客が多い。特に週末は観光客が多く，観光客と地元客が9：1ぐらいの比率である。 裏店はカレーうどんが有名で夜は予約客でいっぱいだ。 和食から徐々にジャパニーズ・バル風に展開をはかっている。
地域や地元とのかかわり	場外市場が築地を作ったと思う。 自分たちで，街を作っていくという参加型のコミュニティー作りを目指している。 振興会のイベントには参加している。 ご挨拶は忘れないようにしているつもりだ。 観光客の焼き牡蠣の立ち食いと店の中の飲食はきちんと区別している

59

力を入れていること	参加型の市場にしたいという自らの市場論を持っている。 誕生パーティーを自宅で開く代わりに築地でして欲しい。 my 弁当や my 漬物も築地で調達してもらいたい。
今後の展望，夢	築地で 20 億，他で 10 億の売り上げを目指す。 「2 時からマーケット」で 5 キロ以内の飲食店の店長に配達や「虎杖アウトレット」なども計画している。 生ビールのオリジナルの樽も発売している。
その他	文化人がうちにこもらないで街へ出てきて欲しい。食は場所を盛り上げるので，食でコミュニティーを作りたい。 もっと気軽に表で夕食を。

	築地場外市場商店街　つきぢ神楽　H氏
歴史，市場規模，特色	歴史，市場規模，特色この店は今年 11 年目である。 自分自身は 30 年以上寿司職人だった。
商品，客層の推移	従来，江戸の寿司は酒粕が自然に赤く色づく赤酢であった（寿司飯が赤い）。 商品は従来からあまり変わらない。 昼間は一般客も増えている。外国人観光客も来店する。 夜はリピーターが多い（1 人 1.5 万円以上）。
地域や地元とのかかわり	ランチには地元の人によく来てもらっている。
力を入れていること	まともな寿司を提供したい。これ以上大きくすると寿司の味を守ることができないと思う。
今後の展望，夢	場外市場は今後も残る。 ずっとまともな職人でありたい。
その他	食品の産地偽装は客をなめている。

	鳩屋海苔店　U氏
歴史，市場規模，特色	昭和 10 年ぐらいから海苔店をしている。 神田から場外市場に移転してきた。
商品，客層の推移	従来は寿司海苔屋であったが，最近は一般客も増えている。 表は年間 3.5 億円ぐらいの売り上げ。 法人としては一度倒産している。 今は殻つきアーモンドなど，一般の来店客相手の商品も売り出している。
地域や地元とのかかわり	納涼会などのイベントや祭りに参加している。 神田の生まれであるし「私にできることありませんか」という気持ちで企画部の活動をしている。
力を入れていること	買ってよし，店やってよし，働いてよしを目指したい。 海苔の佃煮などの自社ブランドも開発している。
今後の展望，夢	食文化を発信していきたい。築地は本来，食文化の発信の地であった。築地場内市場とうまく相乗効果をあげることができる場所である。
その他	かつてはリクルートに勤務していたので，営業のノウハウはある。客に一度試食してもらうことが大切だと思う。 脱サラして親の代から引き継いで店をしているが，やりがいがある。

	ボンマルシェ　N氏
歴史，市場規模，特色	二階のレストランボンマルシェは 4 年前から営業している。 1 階のこの店は 2013 年 4 月から営業している。
商品，客層の推移	昼はサンドイッチのテークアウトが多い。 昼間は若いひと，夜は，2 階は比較的裕福な年配の人が多い。商品もいいものを提供したい。1 階は若い人が一杯飲んで軽くつまんでいく。（11 時から 21 時まで営業）
地域や地元とのかかわり	築地市場で働いている人が食べに来てくれる。
力を入れていること	何が売れるのかをよく研究してヒット商品を出したい。今はフォカーチャ・サンドイッチが有望。
今後の展望，夢	単価の高い夜の客をもっと集めたい。
その他	築地場内市場が移転すると顧客が減るので困る。

第4章　質的調査（定性調査）の思考

	錦市場商店街振興組合理事長， （株）枡伍　U氏
歴史，市場規模，特色	錦小路という名前は宇治拾遺物語に登場する。 1054年に具足小路（清涼な水が流れていたため，魚屋が朝から晩まで魚をさばけた，豆腐も湯葉も清涼な水が不可欠である）から錦小路に改められたという。 1615年幕府により魚問屋の称号ををを与えられる。独占的な魚問屋を店（たな）と呼び，「上の店」（西洞院）「下の店（五条）」とともに「錦の店」三店魚問屋と称した。 1770ごろ錦小路高倉に青物立売市場が認められた。魚市場のそばに生鮮野菜市場が加わり，やがて生鮮三品が揃う市場となった。 1963年に京都錦市場商店街振興組合を設立した。 1966年にはNHK TVで京の錦歳末風景錦市場が京の台所として全国に実況中継された。 1993年本国的なアーケードが完成して天候に左右されない市場となった。 錦市場には京の台所と呼ばれた誇りがある。 大阪（黒門）の量に対して京（錦）の質（職人の町）という誇りがある。 店舗数126，卸（奥の間）10億円，小売り50億円程度？ 商店街の全長約390m，道路幅3.2m。
商品，客層の推移	生鮮三品が中心である。 京都の伝統野菜を売る店など錦のブランドを利用している。 かつては京都中の魚が集まった。 旅館がはたごと呼ばれて分業していて仕出し屋が食事を運んでいたころは受注販売をしていた。 茶道や華道の家元や踊りの師匠などにもひいきにしてもらっていた。新幹線のホームで漬物のみやげ物を運んだこともある。 50-60代のリピーターが多いが，最近は観光客など若い人や外国人が増えている
地域や地元とのかかわり	八坂神社のみこしは65年間担いできた。 京都市と一緒ににぎわいプロジェクトをしている。 2001年2003年に錦小路でファッションショーも行った。 あす（3月2日）日本酒の振る舞い酒を実施する。 街づくりは錦市場の責務だと考えている。 先駆けて伊勢丹の地下の食品売り場に出店したり，物産展や道の駅にも参加している。今は全国の百貨店の物産展に出展している。 地産地消にも力を入れている。
力を入れていること	京都は不易流行で古いと同時に常に革新して新しい時代にマッチングしていく。 市場は時代に即して客を飽きさせないことが大切。 観光客向けにイートインも可能にしたい。 振興会50周年のテーマに若冲の絵のモニュメントを計画している。
今後の展望，夢	日本食が世界遺産に登録されようという流れの中で「錦にきたら京都の食文化が味わえる」という京都の食文化のブランドを築いていきたい。 観光客5000万人を誘致することが目標だ。 何でも一番をめざし，「はしり」を大切にするのが錦の特色。 2006年にスローフード発祥の地イタリアのフィレンツェのサンローレンツ市場とも友好関係を結んだ。今年も6月に訪問する予定。
その他	相続税を払えないで店を不動産屋に売りに出され，錦らしくない伝統のない店を始められることがある。 食べ歩きもいいが，着物姿の客から汚されたと苦情が来たこともある。むしろ座って食べられるほうがいいだろう。

	錦市場 湯葉吉　O氏
歴史，市場規模，特色	1770年から湯葉屋として製造販売している。先祖は四国の越智郡の出身である。京都のと知恩院の近くで店をはじめた。その後，今の場所に移った。
商品，客層の推移	商品のアイテムは変わらない。 流通はかなり変わってきている。湯葉が全国津々浦々までいきわたるようになった。全国から買いに来ている。 最近は中国人観光客も増えている。
地域や地元とのかかわり	錦では最近つのきさんという酒屋が湯葉の製造販売をしている。商店街振興組合の活動は宇津さんたちといっしょにいろいろと行っている。
力を入れていること	息子が帰ってきたので，物産展など新しいことに取り組みたい。 今月は所沢にも行く予定である。

今後の展望，夢	湯葉の味をもっとしていただきたい。同じ湯葉でも味が異なることを知っていただきたい。品質のいい京都の湯葉は，90％料理屋向けに販売している。もっと一般向けにも惣菜としての召し上がり方，レシピなどを充実させたい。たとえば，イタリア風やラザニア風やコンソメスープの中に入れるといった調理法も考えられよう。味をわかってもらえるかどうかは疑問だが。イートインのスペースも設けたい。
その他	乾燥湯葉以外に，生湯葉もクール宅急便のおかげで全国に配達できるようになった。

	錦市場 渡半　W氏
歴史，市場規模，特色	1896年から魚屋をしている。 ふぐを主に取り扱ってきた。 昔は錦にいい魚屋が集まっていた。
商品，客層の推移	かつては卸：小売が7：3であったが，今は卸：小売が3：7と逆転した。 かつては1尾3万円のふぐを料亭などに販売していたが，今は1舟300円の魚しか売れない。 4,5年前からイートインといわれ始めた。 最近は最近は観光客ばかりが目だつので，13時-17時半の営業にしている
地域や地元とのかかわり	青年部時代には交通整理などもしてきた。 明日は振る舞い酒があるので参加する。
力を入れていること	観光客のイートインなどを意識してオクトパス（合格祈願）たこ王子などを考案した。 外国人観光客をターゲットとするなら加工しないで，ちょっと食いできるものだろう。
今後の展望，夢	笑顔の出る商品をと考えている。 その辺にテーブルを出すのもいいかもしれない。
その他	子供や孫（最近誕生）がいるが，大変な時代なので魚屋を継がせたいとは思わない。テナントにするかもしれない。

	錦市場 有次　T氏
歴史，市場規模，特色	1560年から日本刀を取り扱ってきた。 30年前に，錦に移ってきた。 今は刃物類全般を取り扱っている 堺などで作っているものもある。
商品，客層の推移	デザインなどは昔と変わらない。 外国人観光客が増えてきた。
地域や地元とのかかわり	商店街振興組合の仕事はボランティアで労力を提供している
力を入れていること	錦市場の中では短い方なので，まわりのみんなに喜んででもらえるようにしたい。
今後の展望，夢	個人的な夢はあるがまだいえない。 物産展などよりこの京都でどんどんやれることがあると思う。
その他	いまだに鋼だけの素材を守っている。 手入れが大変だが観光客にもそのように話す。

	黒門市場商店街振興会， 副理事長，（株）伊勢屋　Y氏， 常務理事，ニューダルニー　Y氏 （株）北庄，K氏
歴史，市場規模，特色	日本橋二丁目の圓明寺に由来する説，自安寺に由来する説がある。天領との間に黒い山門があったため，黒門市場と呼ばれた。1661年ごろ近隣農家が青物を売り始めたのに始まり，魚の売買が始まる。天領からの圧力があって認められなかった。明治期に，堺港からの魚市も立った。1882年にも魚類青物市場の開設を大阪府に出願したが否決される。1902年の内外博覧会を期に正式に認められるようになる。1912年の大火災，1945年の空襲などで消失もあったが，元の商人たちが復興した。 生鮮三品が中心。 現在約150店300億円の市場規模（小売は105億円）。総延長550m。 従来は格式高い市場であった。
商品，客層の推移	以前は生鮮品を持ち帰るための市場で食べ歩きはなかったが，最近は外国人観光客が増えて和菓子やてんぷらなどを食べながら歩く人が増えた。 客層は8割以上が50代以上。年末には若い人も訪れる。外国人観光客も増えている。週2回は英語，仏語，中国語のコンシェルジェが市場内を案内する。

第4章　質的調査（定性調査）の思考

地域や地元とのかかわり	高津宮の夏祭りには商店街として参加している。高津美容学校の学生に担ぎ手を依頼している。7月第1土曜日には地域の住民のための夜店を行っている。文楽劇場の新春舞台には雄雌の立派な鯛を奉納している。
力を入れていること	昨年，今年は集客するために観光地化を行っている。年末の振舞いてっちり，NHKのインタビューなどメディアを意識したイベントも重視している。吉本やNHKからの問い合わせや取材もしょっちゅうある。メディアを意識してやろうと思っている。また，商店，顧客両方のアンケートも実施している。照明をLEDに変えたり，エコ活動にも取り組んでいる。
今後の展望，夢	対面販売のよさを生かして，本来の顧客を守ると同時に，歩くだけでわくわくするような市場にしたい。観光客を取り込むことにわか注力したくはない。振興会のブランドとして「なにわのぽんず」を発売。次にはお土産にもなる商品開発をしたい。
その他	高齢化や組合に入らない店の増加などの問題がある。古くからの格式を守り本来の顧客を重視した店と外国人観光客などに合わせて変えていきたい店に分かれる。

	黒門市場　丸栄商店，O氏
歴史，市場規模，特色	昭和20年から店をしている。かつては卸が多かったが，今は小売が主になっている。
商品，客層の推移	商店街の一番端なので，生き延びるためには，顧客が使いやすい形で売るように変化させてきた。1人前ずつ1種類の魚だけおつくり，切り身にしてすぐに焼けるようにした。平日は地元の人，土曜日曜日は電車に乗ってくる客が多い。年末は遠くから来る客が多い。中国人観光客も多い。おつくりを買ってその場で食べる
地域や地元とのかかわり	地元の普通の顧客をを大切にしている。
力を入れていること	お魚を億劫と思う人にも買いやすいようにしてふつうの顧客を大切にしたい。
今後の展望，夢	スーパーよりも美味しい魚を提供したい。店の中でも食べられるようにしたい。
その他	子供が店を継いでくれることになっている。

	黒門市場　(株)みな美，H氏
歴史，市場規模，特色	1875年から，ふぐ専門店をはじめる。30年前に黒門に転店した。冬は，ふぐ，夏は，はもの専門店である。
商品，客層の推移	顧客はかつては年配の方が大半であったが，最近若返っている。ふぐといえば，やは張り大阪の名物なので，観光客も多い。外国人観光客も増えてきている。
地域や地元とのかかわり	刺身だけなら店先で食べてもらってもいい。鍋が食べたいという顧客には近所のしゃぶしゃぶやなどを紹介している。
力を入れていること	丁寧な仕事に力を入れていい物を提供する。ふぐは高価なものだからきちんとしたものを召し上がっていただきたい。テレビなどのメディアもふぐの食べ方を説明してもらうようにしている。
今後の展望，夢	ふぐをインターナショナルなものにしたい。
その他	ふぐ刺身の前には中国語の説明文も呈示されている。とらふぐの宅配も行っている（パンフレットあり）。

	黒門市場　(株)三平，S氏
歴史，市場規模，特色	2002年に開店。2012年に大幅に改装した。冷蔵庫，冷凍庫のあったところににテーブルと風呂といすを置き，店内で飲食できるスペースを設けた。
商品，客層の推移	寿司，刺身，焼き魚などを提供している。1日約300人が来店する。改装してから，平日は観光客が多く，週末は日本人が多くなった。日本人は南の料亭，割烹や主婦の人が中心。外国人：日本人は3：9の割合になった。中国特に香港が多い。ホテルの朝食をキャンセルして当店に来てくれるので朝から満員である。中国の春節が終わったので，3月はタイからの観光客を期待している。木曜日，金曜日はコンシェルジェが来てくれる。
地域や地元とのかかわり	夏は高津宮のみこしを担いでいる。あまり外国人観光客が増えると地元の日本人が入りにくくなることを懸念している。

63

力を入れていること	観光客を飲食も含めて取り込んでいく。 新鮮な魚であることを水槽で泳いでいる魚を見せるという演出で示している。
今後の展望，夢	日本人も呼び込みながら観光客にも積極的に接客していく。
その他	この店が黒門内で最も国際化，店内での飲食が進んでいる魚店であるという。

	黒門市場 （株）芳月堂，N氏
歴史，市場規模，特色	父が戦後，大連から引き上げて1945年和菓子屋を始めた。 石臼と杵で餅をつき，法要，お祝いごとなどの和菓子を作ってきた。今はそれらがなくなりつつある。 今の機械は2代目。 南座や角座があって，道頓堀といったら芝居小屋や相撲茶屋にも餅を配達していた。舞台に生える立派な鏡餅もこしらえていた。 かつては小僧さんが里帰りするときも分胴秤で計って餅を持たせたものだ。
商品，客層の推移	商品は父の代から変わらない。日持ちさせるためのものは使っていない。 菓子を入れる木箱はもう作れないので大事に使っていかないといけない。 顧客は60代，70代と高齢化。子供の代になると全く注文がこなくなる。 1日と15日には餅をお供えしていた事業所も多い。が，代替わりとともに法要などの伝統でお菓子を用いることが減ってきている。 観光客が無断でお菓子の写真を撮影したり，その場で歩きながら和菓子を食べたりすることも増えている。 手の込んだ菓子は値段が高いのであまり売れない。
地域や地元とのかかわり	高津宮の夏祭りには参加しているが，子供の塾通いが増えて子供の数も減ったので，子供みこしの参加者が減っている。今は高津美容学校の生徒にも出てもらっている。 お茶屋さんが多かったので，お茶のお師匠さんの始典などにはお菓子をつかっていただいていた。
力を入れていること	アメリカ系のホテルから結婚式の引き出物用に赤飯と上用饅頭の注文があった。かえって外国の人のほうが日本の伝統を珍重することもあるようだ。 観光客のために座ってお菓子を食べる席を設けたこともあるが，余りに礼儀知らずの長話に，撤退した。
今後の展望，夢	行事やお祝いごと，記念日に和菓子を使っていた時代にあった。お菓子がつくる人と買う人，贈る人と贈られる人などの人と人とのつながりが戻ってきてほしい。
その他	一升餅（子どもの1歳のお祝いに米1升で作る餅）の代わりにインターネットで合成した写真を親に送ったりする人も増えて残念だ。

	黒門市場 （株）高橋食品，T氏
歴史，市場規模，特色	父方が石川県出身で，祖父が農科の次男であったので，修行しながら豆腐屋を始めた。店自体は90年以上の歴史がある。スーパーなどのなかったころは，各町ごとに豆腐屋があった。当時，豆腐屋はてっとり早くはじめられる業種のひとつだった。 昭和48年までは生野で店をしていた。
商品，客層の推移	かつては豆腐が大半で，当時は10種類しかなかった。ほとんどで国産の大豆で作っていた。今は豆腐の中でも値段が高いものは国産大豆，安い物はカナダ産の大豆を使っている。値段が高いか安いかの両極端である。 こんにゃくは減少している。商品は2割位変化。いまは飲食店への卸売比率が7，8割から2，3割に減少した。日本人の客は年末に集中している。 平日は地元の40代以上の女性の顧客が多い。休日は観光客が多い。先日まで春節で中国からの観光客が多く，中国のショッピングモールのように食べ歩きをするので，豆乳の機械を紙カップに注ぐ機械を導入した。日本の地元以外の顧客は年末が多い。
地域や地元とのかかわり	高津宮の夏祭りには参加している。みこしも担いでいる。 夏の夜店にも参加している。
力を入れていること	最近は南の料亭や割烹への卸が多くなっている。 豆乳の機械を設置したように，時代の移り変わりに柔らかに対応して情報発信をしていきたい。
今後の展望，夢	いい豆腐を作って豆腐屋で人生を終わりたい。
その他	すべての豆腐を手作りするため，夜中の1時から働いている。

（出典）　中西（2014）『再帰性と市場』ミネルヴァ書房。

第4章　質的調査（定性調査）の思考

表4-3②　英国市場　インタビューサマリー

	コベント・ガーデン・アップル・マーケット（Covent Garden Apple Market）　T氏
歴史，市場規模，特色	アップルマーケットは手作りのマーケットである。当店はすべてが手作りのノートの店である。10年営業している。
商品，客層の推移	観光客が多いが，地元の人も来てくれる。
地域や地元とのかかわり	ロケーションはいい。互いに助け合っている。
力を入れていること	手作りを大切にしている。
今後の展望，夢	とにかく商売第一でやっていかないといけないから。
その他	

	コベント・ガーデン・アップル・マーケット（Covent Garden Apple Market）A氏
歴史，市場規模，特色	香水の店である。すべてが手作りで有機栽培の原料を用いて英国製である。2年間営業している。
商品，客層の推移	観光客が多いが地元の人も来てくれる。
地域や地元とのかかわり	良好である。コベント・ガーデンはすべてが愛らしい。
力を入れていること	手作りを大切にしている。
今後の展望，夢	デパートでも売りたいと考えている。
その他	

	コベント・ガーデン・アップル・マーケット（Covent Garden Apple Market）S氏，T氏
歴史，市場規模，特色	絵画を10年ぐらい取り扱っている。自分たちは5日のうち週1日だけ働いている。
商品，客層の推移	観光客のおみやげが90％である。最近は米国人やオーストラリア人が多い。クリスマス前は地元の人も来る。
地域や地元とのかかわり	友好的だ。関係はとても良好である。
力を入れていること	クラシックなアートを大切にしている。
今後の展望，夢	経験をつんでビジネスとしてやっていくだけだ。
その他	

	ボロ・マーケット（Borough Market）De Cacaprta Pia
歴史，市場規模，特色	チーズ，油などの食品をとり扱っている。
商品，客層の推移	
地域や地元とのかかわり	互いにとてもいい。
力を入れていること	いいオーガニック食品を広めたい。
今後の展望，夢	同じ仕事を続けていく。
その他	

	ボロ・マーケット（Borough Market）Sussex Fish　D氏
歴史，市場規模，特色	すべての魚介類を取り扱っている。25年間営業している。ここに来て4年である。
商品，客層の推移	ずっと地元の人が多い。
地域や地元とのかかわり	いい関係だ。
力を入れていること	何か特徴のある店にする。
今後の展望，夢	店を3つ持ちたい。もっと売りたい。健康で漁を続けられればいい。
その他	

	ボロ・マーケット（Borough Market）R氏
歴史，市場規模，特色	肉製品を扱っている。
商品，客層の推移	地元の人と観光客と両方だが最近は観光客が増えた。
地域や地元とのかかわり	よく助けてくれる。有名なマーケットなのでそれがいい。
力を入れていること	もっとたくさん注文を受けたい。
今後の展望，夢	ヨーロッパにも売りたい。
その他	パブなどを経営している。マーケットは週末の仕事である。

65

	ポートベロ・マーケット（Portbello Market） Red Lion　E氏
歴史，市場規模，特色	アンティークーショップを26年間している。
商品，客層の推移	顧客は地元の人が40％，観光客が60％である。
地域や地元とのかかわり	とてもすばらしい。
力を入れていること	アンティークマーケット。
今後の展望，夢	アンティークマーケットを広めたい。ここはアンティークにとって最も重要な場所だ。
その他	

	ポートベロ・マーケット（Portbello Market） Wendy　F氏
歴史，市場規模，特色	手作りの宝石類を取り扱っている。ここでは2年間営業している。
商品，客層の推移	顧客は地元の人が30％，観光客が70％である。
地域や地元とのかかわり	よい関係である。
力を入れていること	異なる文化を広めたい。
今後の展望，夢	もっと創造的で自然なものを増やしていきたい。大量生産品は扱いたくない。店を維持し，より大きくしたい。
その他	

	ポートベロ・マーケット（Portbello Market） Chaina andWool　A氏
歴史，市場規模，特色	陶器とウールを1980年代から扱っている。
	Holtさんがこのマーケットに店を3つもってる。家族経営で株式会社ではない。
商品，客層の推移	観光客が多い。
地域や地元とのかかわり	よい。全体のこのマーケットは価格が高すぎる。
力を入れていること	すこしでも安くしたい。
今後の展望，夢	もっと営業日数を多くしたい。せめて週4日か5日は営業したい。
その他	

	ポートベロ・マーケット（Portbello Market） Negozio Classica Vinceezo　P氏，N氏
歴史，市場規模，特色	イタリアから来てワインバーを10年前からしている。
商品，客層の推移	顧客は昔から変わらない（夕方6時ごろ満席）。
地域や地元とのかかわり	とてもすばらしい。みんなていねいだ。
力を入れていること	たくさんのお客が来てくれていつも忙しくしている。いい音楽をかけるようにしている。
今後の展望，夢	メニューのない（いつもその場でオーダーメードで調理する）レストランを新しく開きたい。
その他	

	カムデン・マーケット（Camden Market）Burry Desires　F氏
歴史，市場規模，特色	ずっとろうそくを取り扱ってきた。その後，ろうそくの本や香など品揃えを増やしてきた。
商品，客層の推移	ずっとだいたい地元客が70％観光客が30％である。
地域や地元とのかかわり	カムデンマーケットは欧州で最大のマーケットである。友好的で楽しくすばらしい。
力を入れていること	たくさんの客に来てもらうことである。そして便利に利用していただきたい。
今後の展望，夢	もう65歳なのでリタイアしたい。老後を楽しみたい。
その他	

	カムデン・マーケット（Camden Market）Esia Turhan　A氏
歴史，市場規模，特色	トルコのイーヴィルアイ（evil eye），邪眼よけの護符，ナザールを取り扱っている。
商品，客層の推移	観光客が90％。最近良化している。
地域や地元とのかかわり	よい。
力を入れていること	ビジネス。
今後の展望，夢	ビジネスをもっと大きくしていきたい。
その他	ここはとてもすばらしい場所だ。

第4章　質的調査（定性調査）の思考

カムデン・マーケット（Camden Market）TGS　T氏	
歴史，市場規模，特色	10年間衣類を取り扱っている。すべての種類の衣類である。
商品，客層の推移	地元客5％，観光客95％。
地域や地元とのかかわり	何もない。
力を入れていること	
今後の展望，夢	観光客にもっと浸透したい。
その他	

カムデン・マーケット（Camden Market）Funny Photoes　X氏	
歴史，市場規模，特色	ビンテージスタイルの写真やおもしろい写真を取り扱っている。
商品，客層の推移	地元客40％，観光客60％。
地域や地元とのかかわり	誰でも歓迎している。
	カムデンで最高の買い物をうんと楽しんでもらいたい。
力を入れていること	もっといい写真を取り扱いたい。
今後の展望，夢	もっと作品を向上していきたい。
その他	

グリニッジ・マーケット（Greenwich Market）Mandala Jo　K氏，J氏	
歴史，市場規模，特色	アートとクラフトのマーケットである。
	3年前から曼荼羅を取り扱っている。
商品，客層の推移	あまり変わらない。
地域や地元とのかかわり	よい。
力を入れていること	友情を大切にしている。
今後の展望，夢	もっと多く，販売したい。
その他	

グリニッジ・マーケット（Greenwich Market）一〇奏　T氏，	
歴史，市場規模，特色	3週間前から皮と真鍮を取り扱っている。すべて手作りである。
商品，客層の推移	10代あるいは年配の人が多い。
地域や地元とのかかわり	よい。スツールを出すために市場に払う代金は月曜から金曜が10ポンドで，土曜，日曜は50ポンドである。
力を入れていること	自分でした創れないものを創りたい。少しずつ進歩したい。
今後の展望，夢	4日後に帰国するが，ここは楽しかった。
その他	東京や所沢でも店をしている。

グリニッジ・マーケット（Greenwich Market）Leather Boond　S氏，	
歴史，市場規模，特色	アートとクラフトのマーケットである。
	革の本製品を取り扱っている。
商品，客層の推移	すべて変わらない。
地域や地元とのかかわり	よい。
力を入れていること	ハードブックを作ることである。
今後の展望，夢	もっとアンティークものを取り扱いたい。そして退職する。
その他	

グリニッジ・マーケット（Greenwich Market）St Sugar of London　S氏	
歴史，市場規模，特色	お菓子を扱っている。ここはオールドファッションのマーケットである。自身はソロバキアの出身である。
商品，客層の推移	あまり変わらない。観光客80％，地元客20％。
地域や地元とのかかわり	とてもよい。ここは有名なマーケットであるから。
力を入れていること	同じようにビジネスをしていくだけだ。
今後の展望，夢	まだ明確なプランはない。いずれ子どもが継いでくれるだろう。
その他	

	グリニッジ・マーケット（Greenwich Market）Teriyakiya Mirror　A氏，
歴史，市場規模，特色	鶏肉の照り焼きやてんぷらを販売している。
商品，客層の推移	中国人客が増えている。普段は高級な日本食を食べない人も個々の惣菜や弁当ならば食べられる，なまものがないので大丈夫ということもある。
地域や地元とのかかわり	よい。このマーケットのオーナーは王立病院などを広く経営している。商売のほうは？である。何回か閉店もしている。
力を入れていること	日本の食事やサービスををできるだけ広げたい。
今後の展望，夢	レストランを持ちたい。
その他	

	グリニッジ・マーケット（Greenwich Market）Morgan’s Coffee　X氏，
歴史，市場規模，特色	ここはアートとクラフトのマーケットである。4年前から珈琲ショップをしている。
商品，客層の推移	商品は時期によって違ったスタイルにしている。観光客が増えている。
地域や地元とのかかわり	いい。近所の店もいい人がいる。ここは雰囲気のいいすてきなマーケットである。
力を入れていること	雰囲気がいい。ここが好き。競争が激しくないのでいい。
今後の展望，夢	特にない。
その他	屋根があって（雨の日も大丈夫），安全である。

	ピカデリー・マーケット（Piccadilly Market）C氏
歴史，市場規模，特色	30年間布製品を取り扱っている。
商品，客層の推移	国際的になっている。地元客50％観光客50％。
地域や地元とのかかわり	1970年代からなので，そのメリットがある。
力を入れていること	小さくてもいい。
今後の展望，夢	もう逃げ出したい。もっと小さなコミュニティーがいい。
その他	

	ピカデリー・マーケット（Piccadilly Market）The Golden Gross Company　S氏
歴史，市場規模，特色	宝石を扱っている。オーガニックである。
商品，客層の推移	あまり客が多いわけではない。
地域や地元とのかかわり	市場は市場だ。
力を入れていること	ヒューマン・フェア・トレードであることだ。
今後の展望，夢	最高のものを提供したい。
その他	

（出典）　中西（2014）『再帰性と市場』ミネルヴァ書房。

第4章　質的調査（定性調査）の思考

できるだけ全体から述べることである。大きいものから小さいものへの流れが大切である。また主語を忘れないこと，事実と分析者解釈を混同しないことにも留意したい。

　説得力をもって書き，重要な内容は表現を変えて繰り返すことも大切である。さらに「読むより見たい」読者心理を満たすための図やイラストが効果的なこともある。

　調査の目的と視点を確認して，質的調査の結果から，解釈した物語を作成するのはリサーチャーの重要な仕事である。リズム感のある，話の展開に留意した構成を考えて，ストーリー性を大事にしてインタビュー対象者の発言にコメントしていこう。昨今話題になっている築地市場について，2013年のデプス・インタビュー結果を文献など各種資料にもとづいてコメントしている事例を提示している（図表4-4参照）。

　盛山によれば，質的調査のリアリティの水準には以下のものがある。第一に自然な日常の文脈の中で観測しうることこそリアルなものであるという考え方である。第二に質的研究が目指すことは対象者が自ら取り巻く世界をどのように理解しどのような意味を見出しているかという主観的意味世界を解明することだという考え方である。第三に社会が人々の主観的な意味の付与や解釈の過程になっていることを前提としながら，それを媒介にして成立する社会的相互構造こそ解明されるべきだというシンボリック相互作用論の立場である。第四にデータの背後にある基底的な構造にこそリアリティがあるという考え方で，カルチュラル・スタディーズや構築主義。エスノメソドロジーや感情の社会学が会話や振る舞いの分析を通じて背後にある社会的規制を明らかにしようとするものと同じ構図である。盛山は，リアリティの水準をどこに設定するかによって論述の仕方が大きく左右されるという（盛山 2004：261-264）。盛山はこのことを質的調査だけにとどまらず，量的調査にも当てはまるという。

　さらに，質的調査の論述は「データ自身に語らせる」スタイルをとる

69

ことが多いが，得られたデータをそのまま記述してもいい研究にはならない，論述の中に置かれたデータを読むことが読者にとって意義のあるものでなければならず，データ自体が物語を担うという（盛山 2004：265-266）。

　質的調査のコメントにおいては，対象者が生のことばで語るものをそのままコメントとして用いることで，データに語らせることもままあろう。しかし，どのことばを選択するか，それをどのように構成していくかということは，リサーチャーの選択と主観的解釈にゆだねられている。

　質的調査は，量的調査以上にリサーチャーのリサーチに対する思いや何をリアリティととらえるかという価値観が，その論述の内容に濃く反映するものであろう。リサーチャーは自らの展望と解釈のもとに発言を選択してコメントしているという自覚を持って自らのストーリーを展開していくことが求められよう。リサーチャーのストーリーを代弁してくれるような発言者に出会ったときには，ガッツポーズすることになるかもしれない。逆にストーリーを否定するような発言ばかりが続くときには，リサーチャーの調査企画時の前提や目的自体を疑ってかかることが必要とされることもあろう。まさに質的調査を実施し，それを解釈して論述していくことは，リサーチャー自身の変革をも迫る再帰的な経験なのである。

第 4 章　質的調査（定性調査）の思考

表 4 - 4　質的調査のコメント例

築地という地名は，築地本願寺の建立のために佃島門徒宗が海を埋め立て小さなお寺を築いたことに始まるという（西河哲也，田口佳世子，築地場外市場商店振興会の資料）。築地は，1657年に築地本願寺のために埋め立てられた場所である。その後 8 回も災害にあったが，衰えることなく200年以上寺町としてたたずまいを保ってきた。そうしてできた門前町に1925年，関東大震災で焼かれた日本橋の魚河岸が移転した。これが場内市場の始まりである。関東大震災で消失後は寺の維持が困難になり，また都市計画道路で晴海通りが本願寺敷地を二分したため，10寺を残して他地域に分散した。海軍敷地であったところに築地中央卸売市場が建設されたことにより，都市と市場をつなぐ中間点として魚市場の付属商などが入り込み，寺院街は魚河岸商店街へと変わったという

一日平均の魚取り扱いが2300トンと世界一である。場外は場内よりも広域エリアで，卸売りが中心であった。その場外に小売りもする場外市場が形成された。せりや仲買中心で愛想のない場内市場と比べて，場外市場は一般人も買い物がしやすい市場として栄えてきた。現在約300店がある。食に関するものは何でも揃う市場で，生鮮食料品に加えて乾物の取り扱いが多いのもその特徴である。

築地場外市場商店街振興組合のインタビューによれば，現在卸7-8割，小売り2-3割で，最近では観光客を中心に飲食店の利用が増えているという。が，これは，古くからある店の目指すところではなく，従来から市場の中心である伝統的な店では，卸売を中心とした食材の販売を望んでいるという。

力を入れていることとしては，顧客の変化やニーズに応えていうこと，場内市場との相乗りなどであある。家賃負担が大きく，老朽化して空き家になっている店も少なくないので，後継者難の店もあるという。が，築地のネームバリューもあるので自負心がある。いっぽうで伝統的な店に対して喜与村などの新参店が挑んであるという現状である。

将来，築地場内市場が，豊洲へ移転するという計画がある。が，築地場外市場商店街振興組合としては場内市場が移転しても，場外市場はこの土地でやっていきたいという意向である。駐車場跡地などに賑わいゾーンを計画しているという。中央区の人口は現在増加しているので，中央区全体の飲食情報の発信地にもなりたいという。

比較的長く営業している三宅水産（魚），石上水産（魚），丸武（卵焼き）などの話によれば，伝統を守りながら，「ネット販売」「ブログに乗っけたり，クチコミを通じたりしたインターネットの利用も取り入れたい」「魚を焼いたものを少し店先で売っている（やっかみもあって保健所がうるさいが）」など，新しいものを取り入れたいと考えている。しかし，「外国人客が増えているがマナーがよくない」といった伝統店なりの苦情も寄せられる。七日市，半値市等場外市場のイベントには参加していて，場外市場全体をみんなで一致団結して盛りたて，集客力をあげていかなくてはならないだろうという意識が持たれている。

他方，喜代村（魚，すし）や虎杖（魚，飲食）などは，伝統のある築地のブランドを認めて，築地のブランドがあるのでそれを生かしていきたいという意向はもちつつ，「すしエンターテイナーを目指す，外から人を入れていかないと街は活性化していかない，すし職人を育成していて，海外からの寿司職人の育成も今後増えていく」など，これまでの伝統的な築地場外市場にないものを求め，「築地から日本へ，日本から世界へ」と拡大を目指す。

観光客にも日本にきたら日本の寿司を食べてもらいたいと観光客を歓迎している。二四時間営業のすし屋は日本にひとつしかないと自負する。これらの店は観光客を歓迎しているものの、「観光客向けの焼き牡蠣の立ち食い」と「礼儀正しい店の中の飲食は」きちんと区別しているという。また、築地市場場外振興会のイベントには参加するなど、新興の店ながら、「ご挨拶は忘れないようにしているつもり」という気遣いも見られる。

そのほか、鳩屋海苔店（海苔）は、昭和10年ぐらいから海苔店をしている。寿司屋向けの海苔屋であったが、最近は一般客も増えているといい、殻つきアーモンドの試食販売も行っている。買ってよし、店やってよし、働いてよしを目指したいと、志高く、海苔の佃煮などの自社ブランドも開発している。イベントや祭にも積極的に参加しているという。食文化を発信していきたい、築地は本来、食文化の発信の地であった。築地場内市場とうまく相乗効果をあげることができる場所であるという。

また、ボンマルシェ（カフェ）のように築地場内市場や場外市場で働いている人が食べに来てくれるので築地場内市場が移転すると顧客が減るので困るという声も聞かれる。

築地場外市場は、場内市場との相乗効果や、伝統店が多く誇りにしているように築地の伝統ブランド力によるところが大きい。同時に新興店を中心に、築地から日本へ、そして世界へ日本の食文化を発信するグローバルな場所であるという意識もある。東京の中心にある市場で、新と旧、グローバルとローカルが再帰的に影響を及ぼしあって、市場でありながら、観光地であり、食文化の発信地であるという新しい築地場外市場が形成されていっているようである。

（出典）　中西眞知子（2014）『再帰性と市場』ミネルヴァ書房。

第5章

報告書作成の思考

リサーチの結果を最終的に表現するのは報告書や論文におい
てであろう。
　最終段階である報告書の作成は，リサーチャーの料理人とし
ての腕の見せどころである。新鮮な材料を揃えてデータに語ら
せるだけでは料理にならない。いい材料をどのような順序で構
成し，何を伝えるのか，メニューに知恵をしぼり，オードブル
からメイン料理，デザートまで熟考して最高のものを提供しよ
う。

第5章　報告書作成の思考

1　報告書の構成

リサーチ報告書は一般的には以下のような構成となることが多い（図表5‐1）。

図表5‐1　報告書の構成

1　要約
2　調査の背景と目的
3　調査の設計
4　調査結果の解説
5　結論と提言
6　付属資料（調査票，回答リスト，集計表，解析結果，自由回答，インタビューフロー， 　インタビュー結果サマリー，写真，など）
7　参考文献

（出典）　上田拓司（2004）『マーケティングリサーチの論理と技法　第2版』日本評論社，
　　　　に加筆修正。

最初の要約は，トップラインレポートともいわれていて，組織のトップなど時間のない人が急いで読んでリサーチの内容を把握するところである。簡潔にどのようなリサーチであったかという概要とその結果を述べる。

調査の背景と目的は，ほぼ企画書に記したものと同様で，リサーチの前提となる事実やテーマを明記する。

調査の設計も企画書と同様に，調査対象，調査の方法，調査日時，調査項目等を示す。なお，論文などの1章として調査結果を掲載するときには，調査設計などのいわゆる調査概要を，注や資料として取り扱うこともある。新聞社の世論調査の調査概要は，調査結果の横に小さく囲んで掲載されていることがよくある。

75

調査結果の解説は，報告書のなかで一番ページ数の多いところである。結論を導くのに必要な項目を，順序立てて解説し，解釈していく。コメントとともに図表や写真なども用いて，結論に至るまでを構成を考えながら論じていく。データや発言の解釈には，リサーチ結果から読み取れることに加えて，参考文献や参考ホームページ，セカンダリー・データなどを加えて説得力を増してもいい。リサーチャーの解釈がどのようなものかということを，説得力を持って書くことが大切である。重要な内容は，表現を変えて繰り返すことも必要である。読み手によく伝わるように工夫して述べていこう。

　結論と提言はリサーチから明らかになったことを述べ，リサーチャーの提言を示す。ここではリサーチの結果のみでなく，参考文献，参考ホームページなども活用して，主張したい論拠を強化しよう。

　付属資料は調査票，回答リスト，集計表，自由回答，インタビュー結果サマリー，写真などの調査に関する資料で，全体の構成上，冗長になるため本文にいれなかったものをすべて提示する。

　参考文献，参考ホームページを必ず明記する。和文の本は『　　』論文は「　　」欧文の本はイタリック体，論文は"　　"で括り，著者のアルファベット順，同一の著者ならば年代順に並べる。参考文献，参考ホームページの書き方は本書最後にある参考文献，参考ホームページのところを参照されたい。

2　報告書作成の考え方

　報告書の作成に当たっては第2章の企画書作成の場合と同様に，逆転の発想で考えたい。最初にリサーチ結果をざっと概観して，結論と提言

がどのようなものになるのかをイメージしよう。そこへ向けて調査の背景と目的，そして調査の解説を順に構成していくのである。このときに調査票の順番と報告書の構成の順は，別物である。結論へ向けてストーリーがうまく流れるように構成していこう。質的調査と量的調査を併用しているときには，各々について章や節を設けることもある。あるいは，テーマごとに質的調査と量的調査の両方を併記することもある。結論へ向けて，どのような順序で構成したら最も説得力が高くなるか，メニューの提供の順番にも知恵をしぼろう。

　ときには，結論が企画書作成時にイメージしていたものから乖離することもあろう。そういったときに調査の目的自体を調整し，変更することもあるかも知れない。必要な場合は目的の変更もいとわずに，最終的な着地点を重視して述べていこう。報告書を作成する際には，それが既存の前提を突き崩すものであったとしても，新しい発見やそこから新たに得られた着想を積極的に受け入れていこう。

　また，そもそも報告書作成も時代とともに変化していくものである。30年前の報告書を読んでいると，表現も漢字も難しく硬いものに感じられる。特に官公庁の報告書ではその傾向が顕著である。最近の報告書は，やさしい表現やイラストによる表現など，読み手を誘う工夫があちらこちらに見受けられる。

　たとえば，言語も日々生きて変化する。コンピュータによる検索語順は検索の件数に応じて更新を続ける。広辞苑も10年ぶりに，スマホ，パワースポット，自撮り，クールビズ，萌え，アラブの春，雇い止め，ゲリラ豪雨，IPS細胞，安全神話など新しい語を付け加えた（朝日新聞2018年1月16日）。使われない語を削除して，版を重ねていく。副詞などもできるだけ漢字よりも仮名で表記しようとする傾向がある。

　また，第4章で触れたように，そもそも完全に客観的なリアリティなどというものは存在しない。量的調査でも質的調査でも，何をリアリテ

ィとするのかということは，リサーチャーがどのような立場をとるか，何を選択して何を切り取るか次第なのである。リサーチャーの主観的な解釈や価値感などを含めて，語り手のリサーチへの強い思いが伝わるような論述であるならば，むしろそれを歓迎したい。報告書や論文を執筆するときには，これを伝えたいというリサーチャーの思いを大切にして，それを読者に熱意を持って語りかけていこう。

第6章

最近のリサーチ動向とその思考

リサーチの考え方や手法もその時代の社会や市場の動きとともに再帰的に変化を遂げる。

　かつてと比較すると，その抽出や実査の困難さを反映して，面接聴取法は大幅に減少している。一方で自記入法をとる郵送調査に代わって，インターネット調査が大きく増加している。たとえば，前回の国勢調査からインターネットによる入力が認められるようになった。不在が多く，近所の調査員に何度も訪問の手間をかけている筆者としてはありがたい限りだ。

　今後はビッグデータの普及や AI の発展などの影響によって，リサーチも大きく変わるものと予想される。

1 ビッグデータや AI の影響

　ビッグデータが注目されて久しい。西垣通（2016：32-42）は，ビッグデータの特徴として 3 つの V すなわち，大きさ（volume），多様性，（variety），生成の速さ（velocity）をあげる。このビッグデータをもちいたデータ分析の特徴としては，全件処理であること，質より量が重視されること，因果関係から相関関係へと関係性の分析が変化することの三点が指摘されている。

　「人工知能（artificial intelligence）が人間を超える」とか，「シンギュラリティ（技術的特異点）がやってくる」ということが最近しばしば話題に上る。西垣（2016：90-118）によれば，シンギュラリティということばは数学者で SF 作家のヴァーナー・ヴィンジが1993年に行った講演のタイトルである。ヴィンジによればポストヒューマンの誕生は，2005年である。レイ・カーツワイルは，シンギュラリティーの概念をわれわれ生物としての思考と存在が，自らの作り出したテクノロジーと融合する臨界点で，その世界は依然として人間的ではあっても生物としての基盤を超越しているという（Kurzwei 2005=2016：15）。彼は人間が生み出したテクノロジーの変化は加速していて，その威力は指数関数に拡大しているという考え方に立つ。それ以降の世界は人間と機械，物理的な現実とヴァーチャル・リアリティとの間に区別が存在しなくなるもので，シンギュラリティーが2045年にやってくると予想されると言われている。

　稲垣美佳子（2016）はこれから訪れる VUCA 時代（不安定（volatility），不確実性（uncertainty），複雑さ（complexity），曖昧さ（ambiguity）の時代）について語る。そしてオックスフォード大学からもたらされた700ある

現在の主要な仕事の49%が消えるのではないかという情報や，ダボス会議で中間層の仕事がなくなるのではないかと発表されていることなどを紹介する。彼女は今後，仕事がITやロボットの上に来るか下に来るかで大きな格差が生まれることを危惧する。

　いっぽう，西垣（2016：168-204）は，システム論的には生物は自律システムであるのに対し，機械は他律システムであるという。生物は自ら自己を作り出す「オートポイエスティック・システム」であるのに対し機械は人間という異物によって作り出す」「アロ・ポイエスティック・システム」であるというのだ。西垣は，シンギュラリティ仮説は人間社会が生命的価値に支えられているにもかかわらず，ビッグデータやAIによって機械的に制御できると勘違いしていることを指摘する。そして彼は集合知（collective intelligence）が今後の鍵となるもので，この集合知を支えるものとして暗黙知（tacit knowledge）があるという。AIによるビッグデータ分析によって，専門知を強化し集合知の精度を高めることが期待できるという。集合知に多数意見が反映されて，それらが専門家の検討を経て判断されることになるというのだ。西垣はまた，人工知能AI（artificial Intelligence）の代わりに知能増幅IA（intelligence amplifier）と呼ぶべき人間の知能を増強するものを用いて「人間と機械の共働」を提唱する。その一例としてドミニク・チェンの「リグレト」というソフトウエアを用いた「心の相互コミュニティ」としてのネット上の対話コミュニティを紹介する。このように集合知のIAによる支援に希望が託される。

　カーツワイルも，忘れてはならないのは未来に出現する知能が人間と機械の融合であっても，人間の文明の表れであり続けるもので，未来の機械は生物学的な意味で人間でなくても一種の人間であるという。いっぽう，彼は，人間の脳がコンピュータと異なる点として，回路が遅いこと，超並列処理ができること，アナログとデジタルの処理を併用すること，自身で配線し直すこと，ランダムであること，創発的な特性を用い

ること，不完全であること，矛盾していること，進化を利用すること，パターンが大切であること，ホログラフィ的で深く絡み合っていること，各領域をまとめるアーキテクチャーがあること，ニューロンの設計よりも単純にできていることなどを示している。また，シンギュラリティの後に来る時代を「脱人間」と予想する人もいるが，カーツワイルは，彼にとって「人間」であることは，その限界を絶えず拡張しようとする文明の一部であることを意味するものであるとも記している（Kurzwei 2005=2016 : 40, 129-134, 227）。

カーツワイルは，シンギュラリティという概念の根本には，人間が生み出したテクノロジーの変化の速度が加速していて，その威力は指数関数的な速度で加速しているということがある，という（Kurzwei 2005=2016 : 12）。アンソニー・ギデンズの近代の徹底化に共鳴し，近代以降の社会をポストモダンというより，近代化の最終局面への移行を意味する「ラストモダン」の流れとして解釈する公文俊平は，「智民の共進化」が，共の領域で起こっているという。多様性の中での自由な選択が，ベキ分布をもたらすという現象は，「精神圏」において最も純粋に発現するという。情報化に伴う「智」の格差は，共の領域においてこそ，それ以前の近代化過程で見られた不均等よりも，はるかに大きく急速に，ベキ法則に従って拡大すると予想している（公文 2004 : 33, 167, 261）。齋藤和紀は，このような変化をエクスポネンシャル・ファンクション（exponential function）と呼ぶ（齋藤 2017 : 18-41）。この深化のスピードが無限大に限りなく近づくポイントが，進歩の継続性を断ち切るように突然に起こるというのだ。

ビッグデータや AI あるいは IA によって，情報化は飛躍的に進展して，データの大きさ，速さ，多様性などがこれまでになく画期的な変化を遂げるであろう。が，最後にそれを用いて結論を導き出して社会の中で生かしていくのは人間である。情報次第で大きく格差が開く時代にど

のようにわれわれが対峙するのか。ビッグデータや AI の時代となった
ときに，サンプリングという概念がどこまで有効かということに関して
は疑問符が付けられることになろう。またデータ分析をして，因果関係
がわからぬままに相関関係だけははっきりしたけれど，この意味はよく
わからない？という分析が増加することも予想されるであろう。そのよ
うな時代が訪れたときに問われるのは、限界を拡張して膨大なものとな
った情報の意味を解釈する人間の思考ではなかろうか。

---

2 ポストモダンの再帰的近代社会における発想の転換

　ポストモダンとは，もともと，文学，絵画，美術，造形，建築などの，
近代以降の芸術運動に始まる。フランスのリオタールに代表されるいわ
ゆる「ポストモダニスト」は，ポストモダンとは，メタ物語（物語のよ
り高次の物語）に対する不信であるという（リオタール 1979=1986）。この
不信感は，科学の進歩の結果であるが，同時に科学の進歩は不信感を前
提としている。近代科学の成立と共に，科学のゲームの規則が，科学の
ゲームに内在していると認識されるようになった。が，この，ある言説
の条件を，その条件についての言説の中で定義するという近代の傾向は，
実は科学以前の物語文化の再興に結びつく。科学の正当化の問題に解決
をもたらすためには，物語的な知に回帰せざるを得ない。このようにし
て，普遍的な真理の基礎が信頼できないことが明らかになり，真理が状
況依存的な，歴史的なものであることが次第にはっきりしてくる。
　これに対して，ハーバーマスのような啓蒙主義者は，いわゆるポスト
モダニティ論の「解体」から「脱構築」への変化は，理性批判の刃をに
ぶらせると警告する（Habermas 1981=1982）。リオタールらの話題提起に

端を発して,「ポストモダンとは何か」ということをめぐって,また,現代社会を,「ポストモダン」ととらえるか,あるいは「近代化はまだ途上にあり,今後さらに徹底する」ととらえるかについて,「ポストモダン論争」がこれまで盛んに行われてきた。

　ポストモダンをめぐる論議は尽きないが,ここでは,ポストモダンの考え方とは,西欧近代がこれまで合理的な基礎づけの上に立っていたという考え方を覆して,あらゆるものが,確固とした基礎づけを持たずに懐疑の上に成り立っているという見方としておきたい。近代西欧の,科学的,客観的真理とされていたものも,解釈のひとつに過ぎず,時代や場所文脈と共に移り変わる相対的なもので,根拠を持たないという考え方である。

　さらに,ポストモダンとは「再帰的近代」を意味するといってもいいであろう。ギデンズは,近代の啓蒙思想にはもともと懐疑心が制度化されていたという。われわれは理性の循環的性格について,より自覚的に明確に認識できるようになったとして,「自己理解に向かう近代」というとらえ方をする。理性の循環についての認識が,近代という時代についての理解をもたらし,これによって新しい可能性が開かれるというのである。この近代が最初から循環を含んでいたという点に注目したい。たとえば,個人と社会という概念があるが,個人とは,社会を前提とし,それと対比された社会的個人である。個人と社会という概念の発見,あるいは創造それ自身が,個人と社会との循環を前提としている。マクロとミクロ,量的なものと質的なものなどの,一見,次元が異なったり,二律背反するものについても事情は同様であろう。西欧的な合理性の追求のみを徹底する「単純な近代化」とは異なって,ギデンズが提示するように,自らを他に映し出してそれを反映して自らを変革し確定していくという循環を念頭に置いて,それを自覚した上でものごとをとらえる「再帰的近代化」という考え方こそ,これからの時代を考えていく上で,

意味があるのではないかと思われる。

　ギデンズ，ウルリッヒ・ベック，スコット・ラッシュの３人の再帰的近代化論争において，ベックは，われわれが無自覚的に自らを産業社会からリスク社会へ導いていることを指摘する（Beck et al. 1994=1997）。これに対する手だてとして，サブポリティクスという概念を用いて，個人が，下から社会を形成するもの，政治を小さく見せるようなものを提供する。一定のルールを目指す単純な近代化のポリティクスに対して，ルールが変わり得る再帰的近代化のポリティクスが，サブポリティクスである。リスク社会への目に見えない変化が想定される中では，主体の働きかけが，サブポリティクスとして，個人とグローバル社会を結びつけることが，期待されている。

　同論争の中でラッシュは，美的再帰性や解釈学的再帰性へという今後の再帰性の方向を示唆する（Beck et al. 1994=1997, Lash and Urry 1994=2018）。啓蒙的近代の語りから，美的近代の表現へ，そして伝統やコミュニティにおける実践へと再帰の対象を変えて，美的再帰性，解釈学的再帰性への移行を行う中で，文化やケアなど個人と社会を介在する雰囲気や状況，思考以前のカテゴリーに再び帰ることに焦点を合わせる。西欧的普遍的なものとの対比として，文脈依存的なものや，民族学的な美が注目されるように，合理的で認知的なものにとどまらない，思考されないカテゴリーも含めた再帰が求められる。このような再帰性をめぐる議論は，近代観とも大きく関連する。ラッシュは，文化の中で，美や実践といった意識されないカテゴリーも含めて，より豊かな再帰を行い，文脈ごとに異なる価値，異なる方向を模索する。美や実践といった言語化されないカテゴリーにも注目することで，従来とは異なる新たな立脚点を見出すことが可能になる。ラッシュはさらに情報化の進展にともなって，思考と行動の間に距離がなく，すべてがコミュニケーションとなる現象学的再帰性を提唱している（Lash 2002=2006）。筆者は，市場がわ

れわれの五感，感情，行動などを媒介として変化し，再帰性自らが変化，蓄積していく市場再帰性を見出している（中西 2013, 2014）。

　ラッシュは，内在的文化に注目して，商品が外在的であるのに対してブランドは内在的であるという（Lash 2010 : 1-20）。かつては，内在は精神的な感覚で，外在は商品という物質的なものであったが，いまや内在的物質と呼ばれるものに変わったという。情報資本主義において本質は，商品そのものに入るとも表現する（Lash 2010 : 185-214）。さまざまな分野で内的なものと外的なものの融合について論じるラッシュは，これまで西欧文化の中では通用していたものが，西欧近代が世界に広まって行く中で，多くの問題を露呈していったことを示し，中国や日本など東アジアの「私」という主体が突出しないで関係性を重んじる考え方に西欧的なものを越えた知を見いだす（Lash 2010 : 221-226）。

　グローバリゼーションに対するローカリゼーション，あるいはグローカリゼーション（Robertson 1992=1997）や海外移転（offshore）に対する上陸（onshore）あるいは再上陸（reshore）（Urry 2014）という語に示されるように，最近，市場化や情報化によってさまざまなものが地球全体に広がるにしたがって，その反作用のように，失われたものを求めて，もう一度各ローカルな地域に戻ろうという動きが見られる。

　ラッシュとアーリは経済活動の「再帰的蓄積」にも注目する（Beck et al. 1994 : 119-127=1997 : 221-234; Lash, Urry 1994 : 60-110）。ラッシュは，文化資本や情報能力が蓄積されると考え，関係性を重視する伝統的構造に注目して，日，独，英米の再帰性を各々示している。西欧の再帰性が個人化とともに育つのに対して，日本では集合的なものへと変わる。日本の再帰的近代化は，情報やリスクを企業と従業員，供給側と契約側が分担する集合的なもので，関係的で協調的な情報管理が再帰的生産を促進して，集合的再帰性が経済的成功を生じさせたという。

　ラッシュらが指摘するように，日本においてはいつも集合的再帰性や

解釈学的再帰性が働いている。この集合的再帰性や解釈学的再帰性を象徴するもののひとつとして「空気」がある。伊藤陽一によれば，空気とは雰囲気であり，個人に特定の行動を促したり思いとどませたりする圧力をもった雰囲気である（伊藤 2013）。これは二人の人間の間から小集団，さらに国全体のレベルまで存在して人々に社会的圧力として作用する。空気の支配については，その危険性を指摘し，これに「水を指す」ことの必要性を説く声もある（山本 1983）「空気」を読めない人は「KY」と呼ばれて，その集団の一員として承認されるのが困難である。一方で，この空気を読むことは，「おもてなし」に通じる。日本の旅館では絶妙のタイミングでお茶や珈琲が供され，風呂に入っている間に床がのべられる。どこの喫茶店でも何も言わなくてもお絞りや水が運ばれる。徹底的な合理性の追求に限界を感じている西欧においても，非合理的ともいえる雰囲気，圧力は「Kuuki」表示されて，日本の空気への関心が高まっている。また最近話題になった「忖度」という語がある。千宗屋によれば，「相手のことを推し量る忖度は本来，日本人の美徳」（千 2017）であった。千は茶の湯は忖度の連続であり，互いに相手の立場に立ち自分がされてうれしいことをするのがお茶の極意だという。一方で，最近では，トップの明言化した指示がなくても部下はそれを無言のうちに察して行動することといった不透明な疑わしい意味にも使われる。忖度も日本の伝統的な文化を受け継いだ日本独特の集合的再帰性や解釈学的再帰性の働きによるものであろう。

　日本人の「無」や「引き算の美」といった日本独自の文化を再帰的に反映した商品ブランドも見られる。たとえば，無印良品ブランドの思想について，深澤徳は有名ブランドへのアンチ・テーゼであり，ブランドのからくりへの疑問を形にしたことを示す（深澤 2011）。無印ブランドは，用途と関係のない加工や装飾，流通なども含めてさまざまな固定観念へのアンチ精神で「無」を記すことで，海外では日本以上に日本らし

い商品とイメージされている。海外では日本におけるよりも，はるかに
ブランドイメージが高い。深澤は無印良品に，無駄を徹底して省いた姿
の「引き算の美」を見出す。何もない空間を意味する「間」や「間」を
象徴する茶室における「一期一会」など使う側が試されることになると
いう。無印良品ブランドは「無」のブランドであり，「わけ」を核として，
主張しないことで主張するというブランドで，互いに影響しながら未来
を形作り，相手に合わせるという主張の仕方が，日本文化の集合的再帰
性，もしくは解釈学的再帰性の特徴を備えたブランドであるといえよう。

　「空気」や「無」が欧州で日本らしさとして評価されているというこ
とは，われわれ日本の企業や消費者にとっては自明である集合的再帰性
や解釈学的再帰性が，グローバリゼーションの進んだ西欧文化の中では，
新たな注目に値するものとして発見され，その意義が評価されていると
考えることができる。

　ラッシュは自然に対する解釈学的感受性が，西欧の自然を客観ととら
える伝統主義的理念型よりも，日本の自然に主観を付与する主観主義的
理解に近いという（Beck et al. 1994：210-211＝1997：382）。日本人は，ペッ
ト・ロボット，自販機，回転寿司，マッサージ・チェアなどの機械をも，
あたかも人間のように取り扱う。対自然観において，日本の再帰性の特
徴が現れている。日本では，機械に対しても自然に対するのと同様に，
主観主義的理解が働いていると考えられる。

　特に疑問を抱かず，当然のように一般化や普遍化を行いがちであった
ことに対して，その前提条件である各々の文脈や状況に帰って，再び循
環させて考えていくことが求められている。概念図式そのものも含めて，
客体として科学的に把握するだけでなく，文脈依存的で主観的解釈をも
含めて，今一度再帰的に問い直すことが求められる。ポストモダンの再
帰的近代社会においては，西欧中心的な合理主義から非西欧的なものも
含めて，各々のローカルな文化や文脈をとらえた質的な情報の価値を見

直し，新たな視座を見出すという発想の転換が求められる。

3 グローバリゼーションが進む社会におけるマーケティングやリサーチの思考の変化

　再帰的近代社会である現代社会はグローバリゼーションが進んでいて，これは今後さらに加速度的に進むことが予想される。かつてない急速で劇的な社会の変化ににともなって，マーケティングやリサーチの考え方も大きく変化していくものと考えられる。

　グローバリゼーションとはもともと地球（globe）化するという意味であった。ギデンズによれば，再帰的近代化の源は大きな社会変化で，特筆すべきであるのは，グローバリゼーションのインパクトである。西欧的近代化から影響を受けているものの，今や全世界に影響を及ぼし，翻っては近代化そのものに新局面を開くものである。ギデンズは，グローバル・コスモポリタン社会というものを想定し，日々の生活のありようをグローバリゼーションに適応させなければならないとも主張している（Giddens 1999=2001）。

　これに対してロバートソンは，ギデンズがグローバリゼーションを近代化のひとつの条件としたことを批判する。グローバル性は，近代化の条件でない以上に原因ではないと主張し，世界化するとともに地方化する「グローカリゼーション」を唱え，グローバルに考え，ローカルに行動することを提唱する（Robertson 1992=1997）。彼は，再帰的近代化の中でグローバルとローカルの循環を促し，グローバリゼーションの一方向化への抵抗を試みようとする。

　ギデンズは，西欧近代化を前提とした，グローバルスタンダードを念頭に置いている。再帰性の徹底というギデンズの主張に基づけば，グロ

ーバリゼーションを強調するだけでなく，ローカライゼーションにも焦点が当てられるべきであろう。グローバリゼーションによって大きく変化している私たちの世界は，これまでの暗黙の相互理解に変わって，意識化された相互理解を形成するよう要請しているという主張もある（数土 2001）。グローバリゼーションが進むことで，それまで理解できたとおもっていたはずの他者が理解できない他者に変わること，理解されていたローカルな私が理解されなくなることも考えられる。たとえその場で理解されなくても，各々の文化のもつローカルなものが，異なるわからないものとして重んじられることで，多様な価値や文化を受容し，そこから触発を受けることが可能となろう。

　トムリンソンは，グローバル性自体が，無秩序で非組織的で「非方向的」なものであり，グローバリゼーションには本質的な，あるいは必然的な終点というものがないという（Tomlinson1999=2000：87）。これは，ギデンズがグローバリゼーションの定義として「抽象的」であることや，「目の前にあるものとないものとの交差」「遠く離れた行為」（Giddens 1994：4）や「時間と空間の分離」（Giddens 1990=1993）と示しているものと重なる。グローバリゼーションには，終わりがないという意味で，再帰性の徹底した現象の一つと考えられるであろう（中西 2007）。

　再帰的な変化によってもたらされる影響が大きいのはマーケティングも例外ではない。マーケティングが，近代産業社会の，効率化や便利さの追求，科学技術の進歩，大量生産，大量消費によって人々が豊かさを手に入れる「近代の物語」の語り手であった時代は終わり，従来型の，近代的なマーケティングのフレームそのものの再検討が求められている。合理的，機能的な価値の追求だけでなく，美的，文化的な価値を重視して，客観的判断だけでなく主観的な判断も取り入れてマーケティングを考えていこうとする潮流である。そこでは快楽的消費，美的消費，刹那的消費などにも注目が集まる。近代先進社会においては，需要を供給が

越えている今日，より以上の消費を促すのは，効率化や便利さといった価値観ではない。人々の関心は，「もの」の消費よりも「時間」の消費や「体験」消費へと重心が移ってきている。マーケティングの定義も価値の共創や社会的視点が加わり，新しい文化や社会を創造していくことが求められる。合理的，機能的な価値の追求だけでなく，美的，文化的，社会的な価値が重視される。使用価値や機能効果よりも，話題性，安らぎ，楽しさ，などが，クローズアップされる。バーチャルペットの「AIBO」を始め，ハーブや，室内犬などに代表される癒し（ヒーリング）が，マーケティングの訴求概念となる。マンションも「ペット可」が売り物の一つとなる。ヒーリングテイストの商品として，有機野菜など自然派の食材やハーブ入りの飲料，精神を落ち着かせる効果のある香料などを使用したヒーリングコスメなどにも注目が集まっている。また時間消費として自ら参加すること，体験型が脚光を浴びる。最近のガーデニングブームなど，英国的で古いものや手づくりのものを大切にするという価値観の変化がマーケティングにも表れてきている。セラピーや，やすらぎ，ヘルスケアなどの位置付けが大きくなり，遊びや休暇が，ビジネスターゲットとなり，とりわけ自ら何かを体験することに関心が寄せられる。ゆとりや感性など，従来の能率や合理性と対立するような概念が商品化される。エコロジーも商品化され，省エネ商品や，「地球に優しいこと」や「リフィール感があること」は，企業イメージを高める。省エネルギーか経済発展か，というトレードオフの関係ではなく，省エネルギーを実現することがマーケティング上の大切な要件の1つとなっている点は注目したい。

　リサーチもこのような社会や市場の変化に応じて変化する。一方でビッグデータやAIを用いて大きく速く，早く多様なデータ処理がおこなわれるが，その反面，それを解釈し，意味づけすることが必要になってくる。相関関係がわかっていても，何が原因で何が結果なのか，どのよ

うな文脈で起きることなのかがわからない。そのような状況でますます，リサーチャーの主観的な解釈をも含めて，質的なリサーチ方法への関心が高まっている。

たとえば，エスノメソドロジーのリサーチへの応用は，実際の生活場面における「会話分析」とも呼ばれる。ドキュメンタリーに似たもので，「いまここ」で過ぎ去っていくものに視線を合わせて会話分析を行おうとするアプローチである。このアプローチは，「一人称で書かれた」「多元的な現実論」で分析者の主観的解釈も分析結果に反映させようとするもので，一見，焦点の定まらない社会の記述である。観察者の人種や住む場所によって世界が異なる世界の複数性を語る「知覚の衝突」や，相互に相手を映し出して自らを規定していく「リフレクシヴィティ」概念に注目する（山田・好井 1998）。現実の会話の場面に沿って，事実をそのままたどって，観察者の主観的な解釈も交えて分析を行っていくものであり，観察者は主観を混じえず客観的に分析しなければならないという科学の呪縛から解放するものであろう。

会話に加えて，生活者の感想をそのままの言語でコード化せずに記す日記形式の調査や，自由回答の表現からの新鮮なアイディアの抽出が重視される。日常生活のシーンや雰囲気を対象者の表現するままに生かしてアプローチを行う，ビデオを用いた観察記録，色や絵画，写真による印象表現，コラージュ法なども最近関心を集めている。たとえば，飲料の味を「のどごし」「こく」などと言語表現するのではなく，色や風景あるいは類似性などで表現してもらい，それがそのまま，ブランド・イメージや広告と結びつくというケースもある。

また未知の市場を開拓するときには，文化人類学の手法を生かして，現場に入り込む方法も取られることがある。たとえば，ユニクロがバングラディシュに進出するときには，各家庭のクローゼットの中身を見せてもらって記録し，お祭りの衣装と普段着との格差が大きく，また汗の

乾きやすい素材が好まれることなどがわかって，そういったニーズに応じた商品計画を立てたということだ。

またリサーチャーが作成するもの以外のすでにある古文書や日記，手紙，テープやCDなどの音声資料，写真や映画などの映像資料もその価値を高めている。

グローバルな再帰的近代社会においては，ビッグデータの活用と同時に，ローカルで文脈依存的なさまざまな質的な情報の持つ価値，その重要性が見直されることになる。

ビッグデータやAIの飛躍的な発展にともなって，大きく，速く，多様なデータが瞬時に把握できるようになろう。すべて悉皆データであり，サンプリングという概念が全く意味をもたない時代になるかもしれない。

このような時代にテキストマイニングについて論じた仁平典宏，瀬田真文（2017：326-33）はテキストマイニングによって質的分析と量的分析の伝統的区別があいまいなものとなり，既存の社会学とは異なる自己理解が含まれていることを指摘する。彼らは，ビーターマイヤー，ショーンベルガーらによるビッグデータの「限りなくすべてのデータを扱う」「方法さえあれば制度は重要ではない」「因果関係ではなく相関関係が重要になる」という方法的革新から，推計統計学的手法の否定という主張が含まれていることを見出す。データフィケーションが進むことを背景として技術決定的な含意があり，既存の社会学的思考の「説明」の放棄があるように見えるという。このように彼らは，ビッグデータ論には社会学外部の主張もあり，テキストマイニングが既存の社会学的方法論と試行の前提を問い直す作業につながると考えている。

樋口耕一は，さまざまなテキストデータの分析には「KHCoder」[2]を用いることを提案する（樋口2017：334-49）。彼は，計量的な分析結果を参考に質的な解釈を行い，質的な解釈からの発見を計量的分析方法の修正に用いるというやり方で，量的分析と質的分析の循環をとらえる。彼

はこの考え方が Twitter などのインターネット上のコミュニケーション，雑誌などのマス・コミュニケーション，社会調査の自由回答やインタビュー国会や裁判の議事録などの分析においても用いられることを示す。

いっぽう齋藤啓介は，『社会科学のリサーチデザイン』（King et al. 1994=2004）に代表される立場に対して質的比較分析（QCA）という手法を紹介する（齋藤2017：386-403）。データ間での条件と結果の因果関係を明らかにする手法であり回帰分析を中心とした主流のアプローチとは異なる。質的研究を量的研究と同じようにすべきだという主張に対して質的研究を量的研究に統合するべきだというのである。齋藤は，量と質の区分になじまないテキストマイニングなどの手法評価には，方法論の理解が必要であると，各方法論の背景にある世界観まで含めた相互理解の必要性を強調している。

テキストマイニングというビッグデータを背景とする新しい手法によって，量的調査と質的調査は循環するものとなり，リサーチの前提やその思考を問い直すことを求められていることが鮮明なものとなる。量的調査と質的調査の間の境界はより曖昧なものとなるであろう。また，因果関係ははっきりしなくても相関関係があることだけは明らかなデータが即時に大量に得られることになろう。

そのいっぽうで，何か課題解決をはかろうとするならば，さまざまな文化に根差し，主観的な解釈を含めた質的な情報が求められるようになるのではないだろうか？　今以上に，リサーチの考え方の前提としてのリサーチャーの視点とその解釈が問われるといっていいであろう。さらにそれらを相対価して，自らの解釈をいつも疑い，問い直し続けることが求められよう。

リサーチの思考にもグローバルな視座が必要とされよう。莫大なデータが一瞬のうちに，さまざまな種類にわたって手に入る社会というリサーチ環境において，ますます，何をどのように選択し，解釈していくの

かというリサーチャーの主観的な選択と解釈の再帰的な思考の重要度が高まっていくものと考えられる。リサーチの思考も技法も，今後はグローバリゼーションによる急激な変化とともに今まで以上に変わり続けるであろう。

注
1) 単純な近代化が社会を一直線に富の増大や質の向上に向かわせるのに対し，再帰的な近代化は，近代化そのもののもたらす限界，矛盾，困難と折り合いをつけていく近代化である（Giddens 1994＝2002）。
2) KHCoder とは，テキスト型データを統計的に分析するためのソフトウエアで，さまざまな社会調査データから検索したり，統計量を算出することができる。ダウンロードすれば無料で使用することができる。

結

　本書では，リサーチを企画し，実施し，分析して報告書を作成するということにはそれが量的調査であっても質的調査であっても必ずリサーチャーの思考や独自の解釈をともなっていて，それを避けることができないものであることを論じた。リサーチをする人は，どのような調査であったにしても自分の主観的な解釈を反映して企画した調査であり，他の解釈も可能であるという前提に立って，そのことを自覚して，再帰的にリサーチを企画し，実施し，分析する必要があるという考え方を記してきた。

　第1章では，リサーチを企画し，調査し，分析してその結果を表わすことで，自らのリサーチが問い直され変革を促される，まさにリサーチを行うことそれ自体が極めて再帰的な解釈の行為そのものなのであることを示した。報告書の執筆段階で企画の間違いに気づくこともあり，次のリサーチでは変革を行うという思いを強くする。リサーチを行うということが再帰的な解釈の行為であることを自覚することの必要性を強調した。

　第2章では逆転発想による企画書作成の思考について論じた。最初に調査の背景とともに，このリサーチによって明らかにしたいこと，イメージを思い浮かべ，それを提示してから，それらの分析結果を得るための手段として調査方法，調査対象者，など，調査の設計を考えようという提案である。そのための理想的な組み合わせとして，「質的調査―量的調査―質的調査」の順に実施する「サンドイッチ方式」を提示した。さらに，製品のライフサイクル別の調査テーマとコーポレイト・ブランドならびにプロダクト・ブランドに関する調査テーマを示し，まず何を明ら

かにしたいのかという内容から調査テーマにいたるまでの道筋を示した。

第3章では量的調査の思考について論じた。調査手法の策定，調査票の作成から集計分析，その解釈にはリサーチャーの解釈が含まれる。また結果から読み取れることに加えて，文献やセカンダリー・データを加えて説得力を増すこともある。調査の目的と視点を確認し，集計・解析結果から，リズム感，ストーリー性を大事にしてリサーチャーが物語を作成するつもりでコメントすることを勧めた。統計的な数字を追い求めることに重心を置きがちな量的調査であるが，リサーチャーがどこに焦点を絞り，なにを明らかにしたいかという目的意識と，結果の解釈においてどのように思考し，語るかということが問われていることを述べた。

第4章では質的調査の思考について論じた。質的調査とは対象者の語りやイメージ，写真などの数値化できないデータを収集して，その意味を解釈する質的な調査法である。調査の目的と視点を確認して，質的調査結果から，解釈した物語を作成するのはリサーチャーの重要な仕事である。リズム感のある，話の展開に留意した構成を考えて，ストーリー性を大事にしてインタビュー対象者の発言にコメントしていくことを勧めた。質的調査のコメントにおいては，対象者の生のことばで語るもの，データにそのまま語らせることもままあろう。しかし，どのことばを選択するか，どのように構成していくかということはリサーチャーの選択と主観的解釈にゆだねられている。質的調査は，量的調査以上にリサーチャーの思いや価値観が，その論述の内容に濃く反映するものであるということを強調した。

第5章では，報告書作成の思考について，その具体的な構成のしかたを含めて考えた。報告書作成はリサーチャーの料理人としての腕の見せ所で，新鮮な材料を揃えてデータに語らせるだけでは料理にならないこと，材料をどのような順序で構成し，何を伝えるのか，熟考して最高のものの提供が求められること，量的調査でも質的調査でも，何をリアリティとするのかということは，リサーチャー次第でリサーチャーの主観

的な解釈や価値感などを含めて，語り手のリサーチへの強い思いが伝わるような論述が求められることを強調した。

　第6章では，今後ビッグデータの普及やAIの発展などの影響によって，リサーチも大きく変わることを論じた。ビッグデータの特徴として，大きさ，多様性，生成の速さをあげることができ，このビッグデータをもちいたデータ分析の特徴として，全件処理，質より量が重視されること，因果関係から相関関係へと関係性の分析が変化することの三点が指摘される。ビッグデータやAIの飛躍的な発展にともなって大きく，速く，多様なデータが瞬時に把握できるようになり，すべて悉皆データであり，サンプリングという概念が全く意味をもたない時代になるかもしれない。いっぽう，何か課題解決をはかろうとするならば，さまざまな文化に根差し，主観的な解釈を含めた質的な情報が求められるようになり，リサーチャーの視点とその解釈が問われる。リサーチの思考にもグローカルな視座が必要とされ，リサーチャーの主観的解釈としての思考の重要度が高まっていくものと考えられることを強調した。

　リサーチの思考は時代とともに変化する。とりわけ，グローバル化が進み，情報化の進展が著しい今日，その変化は急激なものがある。あらゆる情報がビッグデータとして入手することが可能な時代，サンプリングという概念が消え去る時代も遠くないであろう。シンギュラリティという概念の根本には，人間が生み出したテクノロジーの変化の速度は加速していて，その威力は限りなく無限に近づくように指数関数的な速度で加速していることにあるという。それ以前の近代化過程で見られた不均等よりもはるかに大きく急速に，ベキ法則に従って拡大すると予想されるように，情報化はその力もその格差も指数関数的に加速させていく。進歩の継続性が断ち切られるような不連続な変化が起きることも十分に想定されよう。

　そういった時代が訪れるからこそ，改めて注目されるのは，人間であ

るリサーチャーが何をリサーチしたいかという選択を行い，どのように思考し，何に焦点を当てて浮かび上がらせるのかということであろう。リサーチャーの思考や価値観，その解釈が問われている。そしてその思考や解釈は結果として，あるいはリサーチの途上において，自らに帰って再帰的にそのリサーチやリサーチャーを問い直し，ときにはその根底を揺らがせて，変えていくものでもあろう。

　再帰的な解釈行為としてのリサーチの思考と技法についての議論を深めていくことは，グローバル化，情報化の進む現代社会の変化を反映して，より重要なものとなろう。変化を続ける社会とともに，リサーチの思考と技法のありようは今後も絶え間なく自ら変わり続けるものであろう。

あとがき

　本書は中京大学大学院ビジネス・イノベーション研究科の双書ビジネス・イノベーション・シリーズ第13号最終号である。2017年秋になって予定されていた執筆者が他の原稿を書くことになってしまったという事情で執筆者がいないということであったので，このシリーズの担当者ということもあって，急遽執筆することにした。急いで執筆したので粗削りな部分が多いことをお許しいただきたい。

　2013年『再帰性と市場』の企画打ち合わせのときに，ミネルヴァ書房の浅井久仁人さんから「インタビュー」についての本の執筆をご提案いただいた。当時からアイディアは温めていたのであるが，雑事にかまけて，執筆そのものは，いつかそのうちに書こうと後回しにしていた。この機会にそのテーマに取り組むことにした。

　私は（株）インテージで長らく市場調査や社会調査の仕事をしていた。その後，2006年から大学の専任教員となった。この両方を経験したことで，改めてリサーチを行うときに，データの山に埋没することなく，リサーチャーが自ら考え，解釈することの重要性を痛感している。またリサーチには，自分の20年来の研究テーマである「再帰性」がみごとに働いていることを感じている。客観的でなければならないという呪縛から離れて，リサーチャーが自由に解釈し，さまざまな外部資料なども参照にして，思い切って大胆な提案ができれば，もっとリサーチの真髄に触れ，リサーチそのものを楽しめるのではないかとも感じている。

　本書を読んで，多くのリサーチャー，研究者，院生，学生などがリサーチを行う際に思考することの大切さを理解して，逆転志向で，いいリ

サーチを実施し，リサーチの醍醐味を味わっていただければ，幸せ甚大である。

　本書には新製品や既存品のライフサイクル別リサーチ，ブランドのリサーチなど企画のための例示に（株）インテージ時代の資料を使わせていただいたことに謝意を表する。また，例示として，「エネルギーに関する調査」，「東京，名古屋，大阪における市民意識調査」「日本と英国の市場インタビュー調査」の企画書，調査票，調査結果などが含まれている。「エネルギーに関する調査」については大阪ガス・エネルギー・文化研究所ならびに（株）インテージのかたがたに，「東京，名古屋，大阪における市民意識調査」については共同調査をしてくださった陶山計介先生とインターネットによる市民意識調査を担当してくださった（株）インテージのかたがたに，「日本と英国の市場インタビュー調査」については調査にご協力いただいた日本と英国の市場関係者のみなさまに深く感謝申し上げる。またリサーチの各段階の事例として資料の再提示をお願いしたナカニシヤ出版とミネルヴァ書房に感謝申し上げる。

　これまでさまざまな学会や研究会で，発表や議論の機会を与えていただき，査読雑誌の評者や共同研究者など多くのかたがたから貴重なご教示やご批判をいただいたことを感謝申し上げる。これらを十分生かし切れていないのは，筆者の力不足のためである。本書で実現できなかったことは，今後の課題とさせていただきたい。

　中京大学の教員，職員の方々や，いっしょに行った議論や実習のおかげで，本書で活用することになったアイディアが生れることになった院生，学生の方々に，深く感謝申し上げる。なお本書は，中京大学企業研究所2014，5 年度プロジェクト「市場の再帰性」，2016，7 年度プロジェクト「市場における再帰性の研究」の研究成果の一部である。ここに記して謝意を表する。

　ミネルヴァ書房の浅井久仁人さんには，最初にインタビューについて

あ と が き

の本の執筆をご提案いただいてから，貴重なご助言をいただき，出版までこぎつけたことを感謝している。

　最後に，これまで励まし育んでいただいた恩師，先輩，友人，家族など，私の周りの多くのかたがたに心から感謝の気持ちを捧げる。

　　　　2017年12月　　　　　　　　　　　　　　　　　　　中西眞知子

参 考 文 献

Aaker, D., 1991, *Managing Brand Equity*: The Free press（＝1994，陶山計介ほか訳
『ブランド・エクイテイ戦略──ブランド・エクイテイ戦略』ダイヤモンド社.）

Abercrombie, N., Hil, S., Turner, B., 1988, *The Penguin Dictionary of Sociology*,
London: Penguin books.（＝1995，丸山哲央，監訳編集『社会学中辞典』ミネルヴ
ァ書房.）

Adorno, Th. W., 1963, *Dissonanzen. Musik in der verwalteten Welt*, Göttingen: Van-
denhoeck & Ruprecht.（＝1998，三光長治・高辻知義訳『不協和音』平凡社.）

青木幸弘・岸志津江・田中洋編著，2000『ブランド構築と広告戦略』日本経済新聞社.

朝日新聞社，2018，「広辞苑第 7 版が映す社会」『朝日新聞』2018年 1 月11日，朝日新聞
社.

────，2018，「働き方改革 失態次々」『朝日新聞』2018年 2 月23日，朝日新聞社.

Beck, U., 1984, *Riskogesellshaft*, Frankfurt am mein: Suhrkamp.（＝1998，東 廉，伊
藤美登里訳『危険社会』法政大学出版局.）

Beck, U., Giddens, A., Lash, S., 1994, *Reflexive Modernization*, Cambridge: Polity.
（＝1997，松尾精文・小幡正敏・叶堂隆三訳『再帰的近代化』而立書房.）

ウルリッヒ・ベック，鈴木宗徳・伊藤美登里編，2011，『リスク化する日本社会』岩波
書店.

Bourdieu, P., 1979, *la distinction*.（＝1989，石井洋二郎訳『ディスタンクシオン』藤原
書店.）

Bourdieu, P., 1980, *Le Sens Pratique*: Edition de Minuit.（＝1988，今村仁司・港道孝
訳『実践感覚』藤原書店.）

Bourdieu, P., Wacquant, L., 1992, *Responses Pour une Anthropologie reflexive*: Bu-
reau des Copyrights Francais.（＝2007，水島和彦訳『リフレクシヴ・ソシオロジ
ーへの招待』藤原書店.）

Bryman, A., 2004, The *Disneyization of Society*, London: Sage.（＝2008，能 登 路 雅
子・森岡洋二訳『ディズニー化する社会』明石書店.）

Elliott, A., 2009, "The New Individualism after the Great Global Crash". 現代社会理
論研究会研究会報告原稿（＝2010，片桐雅隆訳「グローバルな大暴落以降の新しい
個人主義」『現代社会理論研究』4：54-66.）

アンソニー・エリオット・片桐雅隆・澤井敦，2010，「新しい個人主義と現代日本」『現
代社会理論研究』4：67-92.

深澤徳, 2011, 『思想としての「無印良品」』千倉書房.

Giddens, A., 1976, *New Rules of Sociological Method,* Cambridge: Polity. (＝1987, 松尾精文・藤井達也・小幡正敏訳『社会学の新しい方法基準』而立書房.)

————, 1990, *The Consequences of Modernity,* Cambridge: Polity. (＝1993, 松尾精文・小幡正敏訳『近代とはいかなる時代か』而立書房.)

————, 1991, *Modernity and Self-Identity,* Cambridge: Polity. (＝2005, 秋吉美都・安藤太郎・筒井淳也訳『モダニティと自己アイデンティティ』ハーベスト社.)

————, 1994, *Beyond Left And Right,* Cambridge: Polity. (＝2002, 松尾精文・立松隆介訳『左派右派を越えて』而立書房.)

————, 2006, *Sociology*: Polity. (＝2009, 松尾精文・小幡正敏・西岡八郎・立松隆介・藤井達也・内田健訳『社会学 第5版』而立書房.)

————, 2007 *Europe in the Global Age,* Cambridge: Polity.

Hardt, A., Negri A., 2009, *CommonWealth*: (＝2012, 水嶋一憲, 幾島幸子, 古賀祥子訳『コモンウェルス』NHK出版.)

林英夫・上笹恒・種子田實・加藤五郎, 1993, 『マーケティングリサーチ事典』同友館.

樋口耕一, 2017, 「計量テキスト分析および KHCoder の利用状況と展望」『社会学評論』271：334-349.

Hochschild, A., 1983, *The Managed Heart,* Berkeley: University of California Press. (＝2000, 石川准・室伏亜希訳『管理される心』世界思想社.)

池尾恭一・青木幸弘・南千恵子・井上哲浩, 2010, 『マーケティング』有斐閣.

稲垣美佳子, 2016, 「VUCA 時代に求められる経営とは」『中京企業研究』38：99-125.

石井淳蔵, 1999, 『ブランド——価値の創造』岩波書店.

————, 2004, 『マーケティングの神話』岩波書店.

————, 2010, 『マーケティングを学ぶ』筑摩書房.

伊藤陽一・浅野智彦・赤堀三郎・浜日出夫・高田義久・粟谷佳司編, 2013 『グローバル・コミュニケーション——キーワードで読み解く生命・文化・社会』ミネルヴァ書房.

岩田貴子・塚田文子・中西眞知子編, 2009, 『遊・誘・悠の商品開発』同友館.

金井壽宏・森岡正芳・高井俊次・中西眞知子編, 2009, 『語りと騙りの間』ナカニシヤ出版.

門田健一, 2000 「近代の再考と社会（科）学の行方——ギデンズのモダニティ論をめぐって」『慶應義塾大学大学院社会学研究科紀要』51：7-14.

金井壽宏・森岡正芳・高井俊次・中西眞知子編, 2009, 『語りと騙りの間』ナカニシヤ出版.

参 考 文 献

Keller, K. L., 1998, *Strategic Brand Management*: Prentce-Hall（＝2000，恩蔵直人・亀井昭弘訳『戦略的ブランドマネジメント』東急エージェンシー.）

King, G., Keohane, R. O., Verla, S., 1944, Designing Social Inquiry, Princeton University Press.（＝2004，真渕勝監訳『社会科学のリサーチデザイン――定性的研究における科学的推論』勁草書房.）

コトラー，A.・アンドリーセン，A. R.，井関利明監訳2005，『非営利組織のマーケティング戦略』第一法規.

厚東洋輔，1991，『社会認識と想像力』ハーベスト社.

―――，2006，『モダニティの社会学』ミネルヴァ書房.

―――，2011，『グローバリゼーション・インパクト』ミネルヴァ書房.

公文俊平，2004，『情報社会学序説――ラストモダンの時代を生きる』NTT出版.

Kurzwei, R., 2005, The Singularity is Near: When Human Transcended Biology.（＝2016，井上健監訳『シンギュラリティは近い――人類が生命を超越するとき エッセンス版』NHK出版.）

―――，1990, *Sociology of Postmodernism*, London: Routledge.（＝1997，田中義久監訳『ポストモダンの社会学』法政大学出版局.）

―――，2002, *Critique of Information*, London: Sage.（＝2006，相田敏彦訳『情報批判論』NTT出版.）

―――，2010, *Intensive Culture*, London: Sage.

Lash, S., Lury, G., 2007, *Global Culture Industry*, Cambridge: Polity.

Lash, S., Urry, J., 1994, *Economies of Signs and Space*, London: Sage（＝2018，安達智史監訳『フローと再帰性の社会学――記号と空間の経済』晃洋書房予定.）

Luhmann, N., 1990, *Essays on Self Reference*, New York: Columbia University Press.（＝1996，土方昭・大澤善信訳『自己言及性について』国文社.）

Lyotard, J., 1979, *La Condition Postmoderne*, Paris: Edition de Minuit.（＝1986，小林康夫訳『ポストモダンの条件』風の薔薇.）

Mcmillan, 2002, *Reinventing the Bazaar: A Natural History of Markets*, W. W. Norton.（＝2007，滝澤弘和・木村友二訳『市場を創る――バザールからネット取引まで』NTT出版.）

間々田孝夫，2007，『第三の消費社会論』ミネルヴァ書房.

松井広志，2013，「ポピュラーカルチャーにおけるモノ」『社会学評論』252：503-518.

三浦展，2012，『第四の消費』朝日新聞出版.

三上剛史，2010，『社会の思考』学文社.

見田宗介，2006，『社会学入門』岩波書店.

107

宮本孝二，1998，『ギデンズの社会理論』八千代出版.

─────，2000，「社会学とリフレクシヴィティ」『ソシオロジ』138：35-45.

中西眞知子，2007，『再帰的近代社会──リフレクシィブに変化するアイデンティティや感性，市場と公共性』ナカニシヤ出版.

─────，2013，「再帰性の変化と新たな展開──ラッシュの再帰性論を基軸に」『社会学評論』254：224-39.

─────，2014，『再帰性と市場──グローバル市場と再帰的に変化する人間と社会』ミネルヴァ書房.

─────，2016，「日本の再帰性とクール・ジャパンの可能性」『中京ビジネスレビュー』12：17-28.

─────，2018，「日本の再帰性と日本市場」『政策科学』25-3予定.

仁平典宏・藤田真文，2017，「特集「テキストマイニングをめぐる方法論とメタ方法論」によせて」『社会学評論』271：326-333.

日本マーケティング・リサーチ協会編，2004，『マーケティング・リサーチ用語辞典改訂新版』同友館.

西垣通，2016，『ビッグデータと人工知能──可能性と罠を見極める』中央公論社.

小川（西秋）葉子・川崎賢一・佐野麻由子編著，2010，『グローバル化の社会学』恒星社厚生閣.

岡山武史・高橋広行，2013，「小売企業のブランド構築とコミュニケーション──ネットスーパーへの拡張を求めて」『広告科学』58：1-22.

大橋照枝・藤井大拙，2008，「インターネットのCGMの急拡大は商品購入への“ブランド”意識をどう変えているか」『広告科学』49.

Prahalad, P., 2005, *The Fortune at the Bottom of the Pyramid*=Wharton School Publihsing（＝2005，スカイライトコンサルティング訳『ネクスト・マーケット』英治出版.）

Robertson, R., 1992, *Globalization: Social Theory and Global Culture*, London: Sage.（＝1997，阿部美也訳『グローバリゼーション─地球文化の社会理論』東京大学出版会.）

Ritzer, G., 1993, *The McDonaldization of Society*, Thousand Oaks, CA: Pine Forge.（＝1999，正岡寛司監訳『マクドナルド化する社会』早稲田大学出版部.）

リッツア，G.・丸山哲央，2003，『マクドナルド化と日本』ミネルヴァ書房.

齋藤和紀，2017，『シンギュラリティ・ビジネス──AI時代に勝ち残る企業と人の条件』幻冬舎.

齋藤圭介，2017，「質的比較分析（QCA）と社会科学の方法論争」『社会学評論』271：

386-403.

Scott, J., Marshall, G., 1994, *Oxford Dictionary of Sociology*, Oxford: Oxford University Press.

盛山和夫，2004，『社会調査法入門』有斐閣.

千宗屋，2017，「暴走する忖度——相手推し量る本来は美徳」『朝日新聞』2017年7月7日，朝日新聞社.

数土直紀，2001，『理解できない他者と理解されない自己——寛容の社会理論』勁草書房.

菅波紀宏・長沢伸也，2012，「SPA企業の海外展開におけるフラッグシップショップ戦略——無印良品の事例」商品開発・管理学会第19回全国大会発表論文集.

轟亮・杉野勇編，2017，『入門・社会調査法　第3版』法律文化社.

陶山計介・梅本春夫，2000，『日本型ブランド優位戦略』ダイヤモンド社.

陶山計介・妹尾俊之，2006，『大阪ブランド・ルネッサンス——都市再生戦略の試み』ミネルヴァ書房.

Tomlinson, J., 1999, Globalization and Culture, Polity.（＝片岡信訳，2000，『グローバリゼーション——文化帝国主義を超えて』青土社.）

友岡邦之，2009，「地域戦略に動員される文化的資源」『社会学評論』239.

Tuener, J. H., Stets, J. E., 2005, *The Sociology of Emotions* Cambridge University press.（＝2013，『感情の社会学理論』明石書店.）

上田拓治，2004，『マーケティングリサーチの論理と技法　第2版』日本評論社.

Urry, J., 1995, *Consuming Places*, London: Routledge.

————, 2000, *Sociology Beyond Societies*, London: Routledge.（＝2006，吉原直樹監訳『社会を超える社会学』法政大学出版局.）

————, 2007, *Mobilities*, Cambridge: Polity.

————, 2014, *Offshoring*, Cambridge: Polity.

Vaughm, S., Schumm, J., Sinagub, J., 1996, *Focus Group Interview in Education and Psychology*, London: Sage.（＝1999，井上理監訳『グループインタビューの技法』慶応義塾大学出版会.）

山田富秋・好井裕明，1998，『エスノメソドロジーの想像力』せりか書房.

矢澤修次郎，2017，「S.ラッシュにおける再帰性——再帰的近代化論批判からもうひとつのモダニティ論へ」矢澤修次郎編著『再帰的＝反省的社会学の地平』東信堂.

余田拓朗，2011，『B to Bマーケティング』東洋経済新報社.

吉田純，2000，『インターネット空間の社会学』世界思想社.

資　料

1　郵送調査の調査票例
2　インターネット調査票の事例
3　自由回答の事例

資料1　郵送調査の調査票例

エネルギー・環境・経済についてのおたずね

拝啓

　厳冬の候、皆さまにおかれましては、ますますご健勝のこととお慶び申し上げます。

　さて、この度弊社では標記「エネルギー・環境・経済についてのおたずね」を実施することになり、ご協力をお願いする次第です。

　ご多忙中恐縮ですが、なにとぞご協力くださいますようお願い申し上げます。

　なお、些少ではございますがお礼といたしまして図書券を同封させていただきました。ご笑納いただけますと幸いです。

　末筆ながら、ご家族の皆さまのご健康をお祈り申し上げます。

敬具

ご記入上の注意　〜ご記入は宛名の方ご本人様にお願いいたします〜

- お答えは、あてはまる回答項目の番号を〇印で囲むものと、具体的な数字をご記入いただくものとがあります。

- 〇の数は、(〇印はひとつ)(〇印はいくつでも)というように質問文の後に記してあります。

- お答えによって、いくつかの質問をとばしていただくことがあります。その場合は、矢印の注にしたがっておすすみください。

- ご記入いただきました調査票は、お手数でもご記入もれなどないかお確かめの上、同封の返送用封筒(切手は不要です)にて、〇　月〇　日　火曜日までにご投函ください。
  なお、今回の調査は都合により、ご記入期間が非常に短くなっておりますが、ご協力の程よろしくおねがいいたします。

- ご記入内容についてのご質問や、ご記入内容の訂正等のお問合せは、下記担当者までお願いします

資　料

【社会問題についておたずねします。】

問1　あなたが関心をお持ちの政治・経済・社会問題は何ですか。（○印はいくつでも）

1	エネルギー問題	10	生命倫理・医療問題
2	地球環境問題	11	少子・高齢化社会問題
3	経済成長の問題	12	社会保障問題
4	生活・暮らし向きの問題	13	教育問題
5	国内政治の問題	14	情報化（IT）問題
6	国際政治の問題	15	自然災害対策
7	食糧問題	16	その他（具体的に　　　）
8	世界的人口増加の問題		
9	犯罪問題		

【エネルギーについておたずねします。】

問2　あなたはエネルギーの現状や将来について、どの程度関心がありますか。（○印はひとつ）

```
非常に                    どちらとも                    全く
関心がある                 いえない                      関心がない
  1 ─── 2 ─── 3 ─── 4 ─── 5 ─── 6 ─── 7
```

問3　あなたのご家庭で現在ご利用のエネルギー消費（ガス・電気・灯油・ガソリンなど）を、今後増やしたいと思いますか。減らしたいと思いますか。（○印はひとつ）

```
非常に                    現状維持                    非常に
増やしたい                                             減らしたい
  1 ─── 2 ─── 3 ─── 4 ─── 5 ─── 6 ─── 7
```

問4　では、次の各用途での利用を今後、増やしたいと思いますか。減らしたいと思いますか。
　　　　　　　　　　　　　　　　　　　　　　　　　　　　　　　（○印はそれぞれひとつ）

問5　あなたのご家庭では今後、エネルギー消費（ガス・電気・灯油・ガソリンなど）が増えると思いますか。減ると思いますか。（○印はひとつ）

```
非常に                    どちらとも                    非常に
増える                     いえない                      減る
  1 ─── 2 ─── 3 ─── 4 ─── 5 ─── 6 ─── 7
```

問6　石油、ガスなどの化石燃料資源には、限りがあるといわれています。
　　　あなたは、現在の日本のエネルギーの確保にどの程度満足していますか。（○印はひとつ）

```
非常に満足　　　　　　　　　どちらとも　　　　　　　　　非常に不満
　　　　　　　　　　　　　　いえない
 1 ─── 2 ─── 3 ─── 4 ─── 5 ─── 6 ─── 7
```

問7　あなたは、今後の日本のエネルギーの確保を、どの程度重視すべきだと思いますか。（○印はひとつ）

```
非常に　　　　　　　　　　　どちらとも　　　　　　　　　全く重視すべき
重視すべき　　　　　　　　　いえない　　　　　　　　　　ではない
 1 ─── 2 ─── 3 ─── 4 ─── 5 ─── 6 ─── 7
```

問8　2020年（約20年後）の日本全体のエネルギー事情はどのようになっていると思いますか。
（○印はひとつ）

次ページ問9へ

【1～3と回答した人におたずねします。】
付問1　そのようにお考えになる理由としてあてはまるものをお答えください。
（○印はいくつでも）

1　太陽エネルギーの利用が進むから
2　潮力、地熱、風力など新エネルギーの利用が進むから
3　ゴミ焼却時に出る熱を利用した、排熱エネルギー利用が進むから
4　家電やガス器具、車などのエネルギー使用の効率化が進むから
5　国が、法律や規制による効果的なエネルギー対策を企業に対して行うようになるから
6　国が、法律や規制によるエネルギー対策を個人に対して行うようになるから
7　エネルギー消費の多いライフスタイルから無駄を無くしたライフスタイルに変化するから
8　原子力発電が多くなり電力不足が解消されるから
9　画期的な新しいエネルギーが実用化されるから
10　新しい油田等が発見され、採取可能なエネルギー資源が増えるから
11　その他
　　（具体的に　　　　　　　　　　　　　　　　　）

付問2　では、その（付問1で○をした）中で、もっともあてはまるものをひとつだけ上記番号でお答えください。□

【5～7と回答した人におたずねします。】
付問3　そのようにお考えになる理由としてあてはまるものをお答えください。
（○印はいくつでも）

1　太陽エネルギーの利用が進まないから
2　潮力、地熱、風力など新エネルギーの利用が進まないから
3　ゴミ焼却時に出る熱を利用した、排熱エネルギー利用が進まないから
4　家電やガス器具、車などのエネルギー使用の効率化が進まないから
5　国が、法律や規制による効果的なエネルギー対策を企業に対して行わないから
6　国が、法律や規制によるエネルギー対策を個人に対して行わないから
7　エネルギー消費が多いライフスタイルのままであるから
8　原子力発電が頭打ちになり電力不足になるから
9　世界的にエネルギー需要が増加し、原油など資源が日本に入りにくくなるから
10　その他
　　（具体的に　　　　　　　　　　　　　　　　　）

付問4　では、その（付問3で○をした）中で、もっともあてはまるものをひとつだけ上記番号でお答えください。□

資　料

問9　現在、エネルギー供給の自由化が議論されています。これからの電力会社やガス会社などのエネルギー企業について、あなたのご意見に近いものをお聞かせください。（〇印はそれぞれひとつ）

	非常にそう思う			どちらともいえない			全くそう思わない
(1)価格が安い会社を選びたい…………	1 —	2 —	3 —	4 —	5 —	6 —	7
(2)供給が安定している会社を選びたい	1 —	2 —	3 —	4 —	5 —	6 —	7
(3)安全性の高い会社を選びたい………	1 —	2 —	3 —	4 —	5 —	6 —	7
(4)サービスやメニューの豊富な会社を選びたい	1 —	2 —	3 —	4 —	5 —	6 —	7
(5)社会的配慮など公共性を重視している会社を選びたい………………………	1 —	2 —	3 —	4 —	5 —	6 —	7
(6)環境・エネルギー・資源などについて長期的な視点を持つ会社を選びたい	1 —	2 —	3 —	4 —	5 —	6 —	7
(7)現在利用している会社を継続して選びたい	1 —	2 —	3 —	4 —	5 —	6 —	7

問10　20年後（2020年）、50年後（2050年）に主力となるべきだと思うエネルギーを3つまでお答えください。
（〇印はそれぞれ3つまで）

		石油	石炭	天然ガス	原子力	水力	太陽光・太陽熱	風力	地熱	バイオマス ※注	海洋エネルギー（潮力・波力など）	ゴミ焼却時の廃熱	核融合	その他	ひとつもない・わからない
問10	20年後主力となるべきエネルギー（〇印は3つまで）	1	2	3	4	5	6	7	8	9	10	11	12	13	14
	50年後主力となるべきエネルギー（〇印は3つまで）	1	2	3	4	5	6	7	8	9	10	11	12	13	14

※注　木材や農産物の残りかすをエネルギーとして利用すること

【地球環境についておたずねします。】

問11　あなたはふだん地球環境の現状や将来についてどの程度関心がありますか。(○印はひとつ)

非常に 関心がある			どちらとも いえない			全く 関心がない
1	2	3	4	5	6	7

問12　地球環境問題といえば何を思い浮かべますか。(○印はいくつでも)

1	地球温暖化	6	開発途上国の公害問題
2	オゾン層の破壊	7	野生生物種の減少
3	酸性雨	8	海洋汚染
4	熱帯雨林の減少	9	有害廃棄物の不法投棄
5	砂漠化	10	その他　(　　　　　　　　)

問13　あなたは現在行われている地球環境保全への活動(問12にあるような問題全体にかかわるもの)に
　　　どの程度満足していますか。(○印はひとつ)

非常に満足			どちらとも いえない			非常に不満
1	2	3	4	5	6	7

問14　あなたは地球環境保全への活動(問12にあるような問題全体にかかわるもの)を今後どの程度重視
　　　すべきだと思いますか。(○印はひとつ)

非常に 重視すべき			どちらとも いえない			全く重視 すべきでない
1	2	3	4	5	6	7

問15　地球温暖化問題(人間の活動による地表温度の上昇)は、起きていると思いますか。(○印はひとつ)

1　起きていると思う	2　起きているとは思わない	3　わからない

資　料

【経済についておたずねします。】

問16　あなたはふだん、日本経済の現状や将来についてどの程度関心がありますか。（〇印はひとつ）

非常に 関心がある			どちらとも いえない			全く 関心がない
1	2	3	4	5	6	7

問17　あなた自身は、経済的に豊かだと思いますか。（〇印はひとつ）

非常に豊か			どちらとも いえない			全く 豊かでない
1	2	3	4	5	6	7

付問　その理由をお聞かせください。

問18　あなたの生活がもっと豊かになるためには何が必要だと思いますか。（〇印はいくつでも）

1	所得の増加	4	雇用の安定	7	社会資本の充実
2	支出の減少	5	社会保障の充実	8	その他（　　　　　）
3	物価の下落	6	自由時間の確保		

付問　その中で、もっとも必要だと思うものをひとつだけ問18の番号でお答えください。

問19　あなたとあなたの家族が豊かに生活するためにはどれくらいの年収が必要ですか。
　　　現在の年収を100としてお答えください。

問20　あなたが豊かに生活するためにはどれくらい自由な時間が必要ですか。
　　　現在の自由な時間を100としてお答えください。

問21　あなたは現在の日本の経済成長（国民総生産：GNPの増加）にどの程度満足していますか。
　　　　　　　　　　　　　　　　　　　　　　　　　　　　　　　　（〇印はひとつ）

非常に満足			どちらとも いえない			非常に不満
1	2	3	4	5	6	7

問22　あなたは今後の日本の経済成長（国民総生産：GNPの増加）をどの程度重視すべきだと思いますか。
　　　　　　　　　　　　　　　　　　　　　　　　　　　　　　　　（〇印はひとつ）

非常に 重視すべき			どちらとも いえない			全く重視 すべきでない
1	2	3	4	5	6	7

【エネルギー、環境、経済の関連についておたずねします。】

問23　次にあげる意見について、どのように思いますか。あなたのお考えに近いものをお答えください。

（○印はそれぞれひとつ）

	非常にそう思う			どちらともいえない			全くそう思わない

(1)エネルギーについてもっと詳しく知りたい……　1 － 2 － 3 － 4 － 5 － 6 － 7

(2)電気やガス会社がインターネットのホームページで
省エネルギーやエネルギーに関する情報を
流したら、利用してみたいと思う　1 － 2 － 3 － 4 － 5 － 6 － 7

(3)企業の主催する省エネルギーの具体的な
方法についての講習会があれば行ってみたい……　1 － 2 － 3 － 4 － 5 － 6 － 7

(4)エネルギーについての小冊子を電気やガスの
検針のときに配布されたら読んでみたい……　1 － 2 － 3 － 4 － 5 － 6 － 7

(5)学校でもっとエネルギーについての勉強や
見学を実施すべきである……　1 － 2 － 3 － 4 － 5 － 6 － 7

(6)所得の増加を何よりも重視する……　1 － 2 － 3 － 4 － 5 － 6 － 7

(7)所得増加よりも労働時間の短縮を重視する……　1 － 2 － 3 － 4 － 5 － 6 － 7

(8)所得増加よりも社会保障の充実に
力を入れてもらいたい……　1 － 2 － 3 － 4 － 5 － 6 － 7

(9)日本で必要なのは所得の分配を公平にする
ことだ……　1 － 2 － 3 － 4 － 5 － 6 － 7

(10)日本はまだまだ経済成長が必要だ……　1 － 2 － 3 － 4 － 5 － 6 － 7

(11)市場に任せておけば経済はうまくいく……　1 － 2 － 3 － 4 － 5 － 6 － 7

(12)経済成長は個人の収入増加を意味する……　1 － 2 － 3 － 4 － 5 － 6 － 7

(13)経済成長は個人の雇用の安定を意味する……　1 － 2 － 3 － 4 － 5 － 6 － 7

(14)エネルギーの価格を高くしてでも
環境保全を重視するほうがいい……　1 － 2 － 3 － 4 － 5 － 6 － 7

(15)エネルギーの価格を高くしてでも
エネルギー資源の節約を重視するほうがよい……　1 － 2 － 3 － 4 － 5 － 6 － 7

(16)将来に資源を残すため、エネルギーの
節約によって生活が不便になっても仕方ない……　1 － 2 － 3 － 4 － 5 － 6 － 7

(17)利便性、快適性を犠牲にしてまで
地球環境問題の解決をすべきではない……　1 － 2 － 3 － 4 － 5 － 6 － 7

(18)先進国が率先して地球環境問題に
取り組むべきだ……　1 － 2 － 3 － 4 － 5 － 6 － 7

(19)途上国の経済発展の方が地球環境問題
よりも切実だ……　1 － 2 － 3 － 4 － 5 － 6 － 7

(20)ひとりひとりのライフスタイルが変わらなければ
地球環境はよくならない……　1 － 2 － 3 － 4 － 5 － 6 － 7

資　料

問24　あなたは原子力発電をもっと推進するべきだと思いますか。廃止するべきだと思いますか。

（○印はひとつ）

	もっと 推進するべき			どちらとも いえない			廃止するべき
	1	2	3	4	5	6	7

問 25 へ

【1〜3と回答した人におたずねします。】
付問 1　そのようにお考えになる理由を、もっともあ
てはまるものから順に 3 つまでお答えくださ
い。
1　容易に確保できる豊富なエネルギー源だから
2　エネルギーをリサイクルすることができるから
3　大気中の二酸化炭素（CO_2）を増加させないので
地球環境を悪化させないから
4　安価にエネルギーを確保できるから
5　日本のエネルギー自給率を高めることができるから
6　経済成長に必要なエネルギーを確保できるから
7　その他（　　　　　　　　　　　　　　　　　）

もっともあてはまる理由は・・・

2 番目にあてはまる理由は・・・

3 番目にあてはまる理由は・・・

【5〜7と回答した人におたずねします。】
付問 2　そのようにお考えになる理由を、もっともあ
てはまるものから順に 3 つまでお答えくださ
い。
1　事故の危険があるから
2　労働者の被ばくが心配から
3　核廃棄物の処分の安全性が心配だから
4　放射能漏れの危険があるから
5　気付かない影響が起きているかもしれないから
6　核兵器に転用される恐れがあるから
7　その他（　　　　　　　　　　　　　　　　　）

もっともあてはまる理由は・・・

2 番目にあてはまる理由は・・・

3 番目にあてはまる理由は・・・

問25　『環境保全のために電気やガスなどのエネルギーに課税する（環境税）』という政策が検討されていま
す。あなたは環境税の導入に賛成ですか。反対ですか。（○印はひとつ）

	非常に賛成			どちらとも いえない			非常に反対
	1	2	3	4	5	6	7

付問 1　その理由をお聞かせください。

【問 25 で 5〜7 と回答した人におたずねします。】
付問 2　環境税での税収を他の税での減税のために利用するとしたら、環境税の導入に賛成ですか。

（○印はひとつ）

	非常に賛成			どちらとも いえない			非常に反対
	1	2	3	4	5	6	7

119

問26　あなたは、今までの商品と機能（効果）が全く同じで、エネルギーや環境に配慮した（資源の消費を最小限に抑え環境に悪影響を及ぼさない）商品があれば、価格が高くても購入したいと思いますか。

（〇印はひとつ）

非常に 買いたい			どちらとも いえない			全く 買いたくない
1	2	3	4	5	6	7

1・2・3 → 【付問へ】　　　4・5・6・7 → 【問27へ】

付問　それでは、今までの商品よりいくらまでなら高くても購入しますか。次の5つの価格の場合、いくらまでなら購入したいか具体的な金額をご記入ください。

（例）　10,000円の商品の場合　　　| | | 1 | 1 | 0 | 0 | 0 |　円までなら購入

※今まで1万円だった商品は11,000円で購入。

（1）　　　100円の商品の場合　　　　　　　　　　　　　円までなら購入

（2）　　1,000円の商品の場合　　　　　　　　　　　　　円までなら購入

（3）　10,000円の商品の場合　　　　　　　　　　　　　円までなら購入

（4）　100,000円の商品の場合　　　　　　　　　　　　　円までなら購入

（5）1,000,000円の商品の場合　　　　　　　　　　　　　円までなら購入

問27　あなたは20年後、50年後の将来世代の利益について、どのようにお考えですか。（〇印はひとつ）

1　自分たちの世代の利益を、将来の世代の利益よりも大切だと考える
2　自分たちの世代の利益も、将来の世代の利益も、同じように大切だと考える
3　将来の世代の利益を、自分たちの世代の利益よりも大切だと考える
4　将来の世代のことはわからないので考えることはない

資　料

問28　あなたは今後2020年に、エネルギーの確保・経済成長・地球環境保全のどれをどの程度重視するべきだと思いますか。それぞれの関係についてお答えください。

(1)「エネルギーの確保」と「経済成長」の関係（〇印はひとつ）

エネルギーの確保のほうを・・・			どちらとも		経済成長のほうを・・・	
重視すべき			いえない			重視すべき
1	2	3	4	5	6	7

(2)「経済成長」と「地球環境保全」の関係（〇印はひとつ）

経済成長のほうを・・・			どちらとも		地球環境保全のほうを・・・	
重視すべき			いえない			重視すべき
1	2	3	4	5	6	7

(3)「地球環境保全」と「エネルギーの確保」の関係（〇印はひとつ）

地球環境保全のほうを・・・			どちらとも		エネルギーの確保のほうを・・・	
重視すべき			いえない			重視すべき
1	2	3	4	5	6	7

問29　あなたはエネルギーの確保・経済成長・地球環境保全をそれぞれどの程度重視していますか。
また、今後2020年、2050年において、どの程度重視していくべきだと思いますか。
三者の合計が10点になるようにお答えください。

	現在	2020年の社会で重視	2050年の社会で重視
(1)エネルギーの確保	☐点	☐点	☐点
	＋	＋	＋
(2)経済成長	☐点	☐点	☐点
	＋	＋	＋
(3)地球環境保全	☐点	☐点	☐点
合計	＝10　点	＝10　点	＝10　点

【次の説明文を読んで、問 30 以下の問にお答えください。】

今後、3E－エネルギーの確保（Energy Security）・経済成長（Economic Growth）・地球環境保全（Environmental Protection）の 3 つの関係をどうするかが重要と考えられています。

問30　3E を調和させていくということは、今後の社会にとって大きな問題です。これら三者の調和は可能だと思いますか。（○印はひとつ）

可能である			どちらともいえない			不可能である
1	2	3	4	5	6	7

付問 1　なぜ、そのようにお考えになるのですか。ご自由にご記入ください。

付問 2　この問題について、あなたのご意見をご自由にご記入ください。

問31　3E の問題を解決するのに有効だと思われる対策をお答えください。（○印はいくつでも）
1　太陽エネルギー等の再生可能なエネルギーを利用する
2　宇宙太陽発電・核融合などの画期的な技術革新によるエネルギーを活用する
3　省エネ型の機器・設備・建物を普及させる
4　労働時間を短縮するなどで経済成長を抑える
5　人口を抑制する
6　ひとりひとりのライフスタイルをエネルギー節約型へ変える
7　原子力発電を利用する
8　環境税などによりエネルギーの価格を高くして、エネルギー消費を抑える
9　その他（　　　　　　　　　　　　　　　　　　　　　　　　　　　）

付問　　では、その中でもっとも有効だと思われる対策を問 31 の番号でお答えください。

資　料

【最後にあなたご自身のことについておうかがいします。】

F1　　あなたの性別は。（○印はひとつ）

| 1　男性 | 2　女性 |

F2　　あなたの年齢は。

才

F3　　あなたのご職業は。（○印はひとつ）

1　経営・管理職	7　農林漁業
2　専門・技術職	8　専業主婦
3　事務職	9　パート・アルバイト
4　労務・販売職	10　学生
5　商工・自営業	11　無職
6　自由業	12　その他（　　　　　　　　　　）

F4　　ご結婚は。（○印はひとつ）

| 1　既婚 | 2　未婚 |

F5　　あなたを含めて、同居しているご家族の人数は。

人

F6　　同居の家族構成は。（○印はいくつでも）

1　父親（実父・義父）	6　短大・専門・大学・大学院生
2　母親（実母・義母）	7　中学・高校生
3　配偶者	8　小学生
4　社会人である子供・孫	9　未就学児
5　子供・孫の配偶者	10　その他のご家族（　　　　　　）

F7　　あなたの最終学歴は。（○印はひとつ）

| 1　中学卒（旧高等小学校卒） | 3　短大・専門学校卒（在学含む） |
| 2　高校卒（旧中学卒） | 4　大学・大学院卒（在学含む） |

F8　　あなたがお住まいの住居形態は。（○印はひとつ）

1　持ち家・一戸建て	5　民間アパート
2　借家・一戸建て	6　社宅・寮
3　分譲マンション（公団含む）	7　その他（　　　　　　　　　）
4　賃貸マンション（公団含む）	

F9　　あなたのご家族全体の年収は、この中のどれにあてはまりますか。（○印はひとつ）

1　200万円未満	7　1200万～1400万未満
2　200万～400万未満	8　1400万～1600万未満
3　400万～600万未満	9　1600万～1800万未満
4　600万～800万未満	10　1800万～2000万未満
5　800万～1000万未満	11　2000万以上
6　1000万～1200万未満	

F10　　あなたが1ヶ月に自由になるお金（お小遣い）はいくらですか。

万円

F11　　あなたの1週間の自由な時間は合計何時間ですか。

時間

123

F12　あなたは、最近1ヶ月のご自宅の（1)電気料金 （2)ガス料金 がだいたいいくらかご存知ですか。
（1月を目安にお答えください）

（1）電気料金は（〇印はひとつ）	（2）ガス料金は（〇印はひとつ）
1　知らない	1　知らない
2　5000 円未満	2　5000 円未満
3　5000 円～10000 円未満	3　5000 円～10000 円未満
4　10000 円～15000 円未満	4　10000 円～15000 円未満
5　15000～20000 万未満	5　15000～20000 万未満
6　20000 円以上	6　20000 円以上

F13　現在あなたがお住まいの市区町村は次のどれにあてはまりますか。（〇印はひとつ）

1　100 万人以上都市（特別区）	4　10 万人未満都市
2　30 万人～100 万人未満都市	5　町村
3　10 万人～30 万人未満都市	

アンケートは以上です。
お手数ですが記入もれがないかご確認の上
2月27日（火）までにご投函ください。
ご協力ありがとうございました。

資　料

資料2　インターネット調査票の事例

都市と市場に関するアンケート
アンケートにアクセスしていただき、ありがとうございます。

このアンケートは、モニター登録情報で、東京23区・名古屋市・大阪市のいずれかに在住の方にお送りしております。
条件をご確認の上、よろしければアンケートにご協力ください。
アンケートにご協力いただける場合は、下の[開始]ボタンを押してご回答ください。
＜調査実施機関 ： 株式会社インテージ・インタラクティブ＞

このアンケートは、前のページに戻ることができません。ブラウザの「戻る」ボタンは使用しないでください。

【各都市のイメージについておうかがいします。】

Q1 東京と聞いて何を思い浮かべますか。ご自由にご記入ください。
（回答は具体的に）

Q2 名古屋と聞いて何を思い浮かべますか。ご自由にご記入ください。
（回答は具体的に）

Q3 大阪と聞いて何を思い浮かべますか。ご自由にご記入ください。
（回答は具体的に）

Q4 東京のイメージを表現するのに各項目がどの程度ふさわしいかお聞かせください。
※わからない場合はイメージでお答えください
（回答は横の行ごとに1つずつ）

	非常にふさわしい	←	←←	どちらともいえない		→→	→	全くふさわしくない
誠実な	○	○	○	○	○	○	○
温かい	○	○	○	○	○	○	○
刺激的な	○	○	○	○	○	○	○
ユニークな	○	○	○	○	○	○	○
安全な	○	○	○	○	○	○	○
リーダー的な	○	○	○	○	○	○	○
洗練された	○	○	○	○	○	○	○
おしゃれな	○	○	○	○	○	○	○
素朴な	○	○	○	○	○	○	○
力強い	○	○	○	○	○	○	○

Q5 名古屋のイメージを表現するのに各項目がどの程度ふさわしいかお聞かせください。
※わからない場合はイメージでお答えください
（回答は横の行ごとに1つずつ）

	非常にふさわしい	←	←←	どちらともいえない		→→	→	全くふさわしくない
誠実な	○	○	○	○	○	○	○
温かい	○	○	○	○	○	○	○
刺激的な	○	○	○	○	○	○	○
ユニークな	○	○	○	○	○	○	○
安全な	○	○	○	○	○	○	○
リーダー的な	○	○	○	○	○	○	○
洗練された	○	○	○	○	○	○	○
おしゃれな	○	○	○	○	○	○	○
素朴な	○	○	○	○	○	○	○
力強い	○	○	○	○	○	○	○

資　料

Q6 大阪のイメージを表現するのに各項目がどの程度ふさわしいかお聞かせください。
※わからない場合はイメージでお答えください
（回答は横の行ごとに1つずつ）

	非常にふさわしい	←	←←	どちらともいえない	→→	→	全くふさわしくない
誠実な	○	○	○	○	○	○	○
温かい	○	○	○	○	○	○	○
刺激的な	○	○	○	○	○	○	○
ユニークな	○	○	○	○	○	○	○
安全な	○	○	○	○	○	○	○
リーダー的な	○	○	○	○	○	○	○
洗練された	○	○	○	○	○	○	○
おしゃれな	○	○	○	○	○	○	○
素朴な	○	○	○	○	○	○	○
力強い	○	○	○	○	○	○	○

【各都市にふさわしいものについておうかがいします。】
※知らない場合はイメージでお答えください。

Q7 東京に各項目がどの程度ふさわしいかお聞かせください。
（回答は横の行ごとに1つずつ）

	非常にふさわしい	←	←←	どちらともいえない	→→	→	全くふさわしくない
皇居	○	○	○	○	○	○	○
東京駅	○	○	○	○	○	○	○
銀座	○	○	○	○	○	○	○
秋葉原	○	○	○	○	○	○	○
ソニー	○	○	○	○	○	○	○
キリンビール	○	○	○	○	○	○	○
握りずし	○	○	○	○	○	○	○
読売ジャイアンツ	○	○	○	○	○	○	○

Q8 名古屋に各項目がどの程度ふさわしいかお聞かせください。
（回答は横の行ごとに1つずつ）

	非常にふさわしい	←	←	どちらともいえない	→	→	全くふさわしくない
名古屋城	○	○	○	○	○	○	○
名古屋駅	○	○	○	○	○	○	○
栄	○	○	○	○	○	○	○
金山	○	○	○	○	○	○	○
トヨタ	○	○	○	○	○	○	○
ミツカン	○	○	○	○	○	○	○
きしめん	○	○	○	○	○	○	○
中日ドラゴンズ	○	○	○	○	○	○	○

Q9 大阪に各項目がどの程度ふさわしいかお聞かせください。
（回答は横の行ごとに1つずつ）

	非常にふさわしい	←	←	どちらともいえない	→	→	全くふさわしくない
大阪城	○	○	○	○	○	○	○
大阪駅	○	○	○	○	○	○	○
梅田（キタ）	○	○	○	○	○	○	○
難波（ミナミ）	○	○	○	○	○	○	○
パナソニック	○	○	○	○	○	○	○
サントリー	○	○	○	○	○	○	○
たこ焼き	○	○	○	○	○	○	○
阪神タイガース	○	○	○	○	○	○	○

資　料

【全体として各都市についておうかがいします。】

Q10　あなたは、現在住んでいる都市にどの程度満足していますか。

非常に満足	←	←←	どちらとも いえない	→→	→	非常に不満
○	○	○	○	○	○	○

Q11　あなたは、各都市をどの程度お好きですか。
（回答はそれぞれ1つずつ）

〈東京〉

非常に好き	←	←←	どちらとも いえない	→→	→	全く 好きでない
○	○	○	○	○	○	○

〈名古屋〉

非常に好き	←	←←	どちらとも いえない	→→	→	全く 好きでない
○	○	○	○	○	○	○

〈大阪〉

非常に好き	←	←←	どちらとも いえない	→→	→	全く 好きでない
○	○	○	○	○	○	○

Q12　あなたは、各都市にどの程度住みたいですか。今住んでいる方はどの程度今後住み続けたいか、
をお答えください。
（回答はそれぞれ1つずつ）

〈東京〉

非常に 住みたい	←	←←	どちらとも いえない	→→	→	全く 住みたくない
○	○	○	○	○	○	○

〈名古屋〉

非常に 住みたい	←	←←	どちらとも いえない	→→	→	全く 住みたくない
○	○	○	○	○	○	○

〈大阪〉

非常に 住みたい	←	←←	どちらとも いえない	→→	→	全く 住みたくない
○	○	○	○	○	○	○

Q13 あなたは、各都市にどの程度観光に行きたいですか。
（回答はそれぞれ1つずつ）

〈東京〉

非常に 行きたい	←	←←	どちらとも いえない	→→	→	全く 行きたくない
○	○	○	○	○	○	○

〈名古屋〉

非常に 行きたい	←	←←	どちらとも いえない	→→	→	全く 行きたくない
○	○	○	○	○	○	○

〈大阪〉

非常に 行きたい	←	←←	どちらとも いえない	→→	→	全く 行きたくない
○	○	○	○	○	○	○

Q14 あなたは、各都市にどの程度買い物に行きたいですか。
（回答はそれぞれ1つずつ）

〈東京〉

非常に 行きたい	←	←←	どちらとも いえない	→→	→	全く 行きたくない
○	○	○	○	○	○	○

〈名古屋〉

非常に 行きたい	←	←←	どちらとも いえない	→→	→	全く 行きたくない
○	○	○	○	○	○	○

〈大阪〉

非常に 行きたい	←	←←	どちらとも いえない	→→	→	全く 行きたくない
○	○	○	○	○	○	○

Q15 あなたは、各都市にどの程度食事、喫茶、飲酒などに行きたいですか。
（回答はそれぞれ1つずつ）

〈東京〉

非常に 行きたい	←	←←	どちらとも いえない	→→	→	全く 行きたくない
○	○	○	○	○	○	○

〈名古屋〉

非常に 行きたい	←	←←	どちらとも いえない	→→	→	全く 行きたくない
○	○	○	○	○	○	○

〈大阪〉

非常に 行きたい	←	←←	どちらとも いえない	→→	→	全く 行きたくない
○	○	○	○	○	○	○

資　料

Q16　あなたは、各都市にどの程度コンサートや観劇、美術鑑賞などに行きたいですか。
（回答はそれぞれ１つずつ）

〈東京〉

非常に 行きたい	←	←←	どちらとも いえない	→→	→	全く 行きたくない
○	○	○	○	○	○	○

〈名古屋〉

非常に 行きたい	←	←←	どちらとも いえない	→→	→	全く 行きたくない
○	○	○	○	○	○	○

〈大阪〉

非常に 行きたい	←	←←	どちらとも いえない	→→	→	全く 行きたくない
○	○	○	○	○	○	○

Q17　次にあげる意見について、どのように思いますか。あなたのお考えに近いものをお答えください。
（回答はそれぞれ１つずつ）

	非常にそう思う	←		どちらともいえない	→→	→	全くそう思わない
街はものづくりで成り立つ	○	○	○	○	○	○	○
街は商店街や飲食店の賑わいが大切だ	○	○	○	○	○	○	○
街は観光地としての魅力が大切だ	○	○	○	○	○	○	○
街はコンサートや美術館など文化の魅力で価値が決まる	○	○	○	○	○	○	○
街は教育や福祉など住みやすさで決まる	○	○	○	○	○	○	○
所得の増加を何よりも重視する	○	○	○	○	○	○	○
所得増加よりも労働時間の短縮を重視する	○	○	○	○	○	○	○
所得増加よりも社会保障を重視する	○	○	○	○	○	○	○
雇用の安定が何より大切だ	○	○	○	○	○	○	○
市場に任せておけば経済はうまくいく	○	○	○	○	○	○	○
社会にはセーフティーネットが不可欠だ	○	○	○	○	○	○	○
競争するよりも共存したい	○	○	○	○	○	○	○
途上国の経済発展の方が先進国の経済危機より深刻だ	○	○	○	○	○	○	○
将来世代の利益のほうが自分たちの世代の利益よりも大切だ	○	○	○	○	○	○	○
一人ひとりのライフスタイルが変わらなければ、地球環境は良くならない	○	○	○	○	○	○	○
街の市場（いちば）は楽しいコミュニケーションの場だ	○	○	○	○	○	○	○
ネット上の市場（しじょう）は楽しいコミュニケーションの場だ	○	○	○	○	○	○	○
街は社会の大きな財産なので大切にしたい	○	○	○	○	○	○	○

Q18 あなたは、都市において、製造業の振興、サービス業や商店街の振興、観光や文化の振興をそれ
ぞれどの程度重視していくべきであると思いますか。
また、今後2020年、2050年、どの程度重視していくべきだと思いますか。
「現在」「2020年」「2050年」のそれぞれにおいて、(1)〜(5)の5つの重視度の合計が100点になる
ようにお答えください。
(回答は半角数字で入力)

	現在	2020年の 都市で重視	2050年の 都市で重視
(1)製造業の振興	点	点	点
(2)商店街の振興	点	点	点
(3)観光振興	点	点	点
(4)文化施策	点	点	点
(5)教育や福祉	点	点	点
合計	点	点	点

【最後にあなたご自身のことについておうかがいします。】

F1 あなたの性別は。
(回答は1つ)
　○ 男性
　○ 女性

F2 あなたの年齢は。
(回答は半角数字で入力)
　[　　　]才

F3 あなたのご職業は。
(回答は1つ)
　○ 経営・管理職　　　○ 農林漁業
　○ 専門・技術職　　　○ 専業主婦
　○ 事務職　　　　　　○ パート・アルバイト
　○ 労務・販売職　　　○ 学生
　○ 商工・自営業　　　○ 無職
　○ 自由業　　　　　　○ その他 [　　　　　　]

F4 ご結婚は。
(回答は1つ)
　○ 既婚
　○ 未婚

資　料

F5　あなたを含めて、同居しているご家族の人数は。
（回答は半角数字で入力）

　　　　　□□□□ 人

F6　あなたの**最終学歴**は。
（回答は1つ）
　　○ 中学卒（旧高等小学校卒）
　　○ 高校卒（旧中学卒）
　　○ 短大・専門学校卒（在学含む）
　　○ 大学・大学院卒（在学含む）
　　○ その他 □□□□□□□□□□□□

F7　あなたがお住まいの住居形態は。
（回答は1つ）
　　○ 持ち家・一戸建て　　　　○ 民間アパート
　　○ 借家・一戸建て　　　　　○ 社宅・寮
　　○ 分譲マンション（公団含む）　○ その他 □□□□□□□□
　　○ 賃貸マンション（公団含む）

F8　あなたのご家族全体の年収は、この中のどれにあてはまりますか。
（回答は1つ）
　　○ 200万～400万円未満　　　○ 1400万～1600万円未満
　　○ 400万～600万円未満　　　○ 1600万～1800万円未満
　　○ 600万～800万円未満　　　○ 1800万～2000万円未満
　　○ 800万～1000万円未満　　　○ 2000万円以上
　　○ 1000万～1200万円未満　　○ わからない／答えたくない

F9　あなたの1か月に自由になるお金（お小遣い）はおおよそいくらですか。
　　　万円より小さい単位は、四捨五入してお答えください。
（回答は半角数字で入力）

　　　　　□□□□ 万円

F10　あなたの1週間の自由な時間は合計何時間ですか。
（回答は半角数字で入力）
　　　　□□□□ 時間

F11　あなたがお住まいの都市は。
（回答は1つ）
　　○ 東京
　　○ 名古屋
　　○ 大阪

資料3　自由回答の事例

性別	年齢	東京と聞いて何を思い浮かべますか。	名古屋と聞いて何を思い浮かべますか。	大阪と聞いて何を思い浮かべますか。
男性	40	大都会，商売の規模が大きい。	トヨタで栄えている。	商売が上手。
男性	34	高層ビル群と入り組んだ鉄道網。	駅前の広い空間。	雑然とした町並み。
女性	57	首都。	田舎の大都会。	いいかげん。
男性	43	一見大都市。しかし，島国のため，頭でっかちな世間知らず。都会に在りがちなイケイケどんどん。ドンドンどちらまで????????????????世界（若者文化）に，影響力あり。クール。島国根性のフロンティア精神満載。	コンプレックスからくるであろう虚栄心，あくまで西と東の通過地点。トヨタだけに頼らず，地場でもっとなんとか若い人の活性化とかねば，先が。。。味覚もそうだが，ナーンか，コユイ感じ。その濃さをどう料理するか今後の課題。味覚すをするにはそれって大切だから。成熟したら淡くなって行くんだけどね。って事で，未開の大地。	マイペースぶっている負犬の遠吠え，所詮東京と比較するしか無いそして悟，東京に行かねばと。。。ガチャガチャしたおもちゃ箱。
男性	37	都会。人混み。通勤ラッシュ。	トヨタ。エビフライ。	地元。地盤沈下。阪神タイガース。
女性	31	東京タワー，お台場，六本木，新宿，渋谷，東京ドーム，東京バナナ，物価が高い。	ういろう，金のしゃちほこ，名古屋城，テレビ塔。	たこ焼き，ふぐ，道頓堀，大阪城，橋下さん，おばちゃん，大阪弁。
女性	52	東京タワー，東京ディズニーランド，浅草，雷門。	名古屋城，味噌煮込みうどん，ういろう，あんこトースト，エビフライ。	大阪城，関西弁，たこ焼き。
女性	21	人混み，電車のラッシュ，山手線，人形焼，東京バナナ，テレビ局，お台場，東京タワー。	中日新聞，中日ドラゴンズ，名古屋城，東山動物園，ひつまぶし，てばさき，そにこみ，ういろう，すがきや，きしめん，名古屋城。	お好み焼き，たこ焼き，グリコの看板，食い倒れ人形，大阪のおばちゃん，関西弁（大阪弁？），お笑い。
男性	30	都会，日本の中心，政治経済の中心。人が多い。	中日新聞，中日ドラゴンズ，トヨタ。	粉もん文化，笑い，食の中心。
男性	39	首都，情報の中心。	なし。	自己中の集まり。
女性	47	人が多い。車で走りにくい。日本の首都。あまり行きたくない。	自分が住んでいる。発展はしていないが自分にはちょうどいい。都心部に老人が多く，店も少ない。	関西弁。結構，親切。宝塚へ行くときの経由地。
男性	40	TDL。	手羽先。	たこやき。
女性	50	都会。人が多い。美術館がたくさんあって面白い展覧会をいつもどこかでやっている。思ったより緑が多い。	これといった特徴がないし，いわゆる名所が少なくて半日観光で十分。でも住んでいると動き回るのにちょうどいい大きさで，繁華街もわかりやすい。独自の文化を喧伝せずに守っている。	にぎやか。個性的な人が多いし，自分たちが標準だと思っている。ただし街には清潔感がない。ラテン化する日本の核だと思う。
男性	57	首都。	トヨタ。	難波。
女性	41	首都。大都市。赤坂や六本木など，賑やかなところが多くあり，うらやましい所。でも，住んでみたいとは思わなくて，旅行や観光では行きたいって思う…でも，なかなか行けない。何年も行っていない。	住むまでは，日本の3大都市だと思っていたが，大きな間違いで名古屋は田舎だった。そのくせ，住んでいる人間は名古屋は都会だと思っている。考え方も田舎だし，道路も田舎のつくりのままで家だけがどんどん建ってめちゃくちゃで道路開発の整備がされずに家だけがどんどん建っている。食べ物がまずい。大嫌いな街。	財政難だが，活気がある。にぎやか。人間のいい街。大阪のおばちゃんって好き。腹をわって話せる。食べ物がおいしい。大好きな街。
女性	25	人が多い，機械的，居心地が悪そう。ものが多い，新しい。	派手好き，味噌カツ，えびふりゃー，名古屋巻き，金色。	うるさい，人情あったかい，便利。
女性	31	大都会，日本の中心，洗練された，お洒落。	しゃちほこ，海老フリャー，いなか，赤味噌。	吉本，笑いの殿堂，たこやき。

134

資　料

性別	年齢			
男性	39	高層ビル、人が多い、排気ガス、文化が無くなりつつある、地方の人の集まり。	中途半端な都会（田舎）、味噌煮込み、名古屋城、味噌カツ、中小企業が多い。	たこやき、お好み焼き、お笑い、道頓堀、ボケとツッコミの精神。
男性	24	首都。	地元。	うるさい。
男性	54	日本の首都、寝むらない街。	道路が広い、地下鉄、名古屋めし。	商売、たこ焼き。
女性	45	大都市で日本の中心。	けっこう都市のよう。	密集している住宅地が多い。人口密度が高い。
男性	56	東京タワー。	ういろ。	通天閣。
女性	36	大都会、高層ビル群、あふれる人、地方出身者。	ほどよい都会、ほどよく田舎、暮らしていくには困らない。	異国、関西弁、たこ焼き。
男性	25	都会。日本の中心。最先端。	トヨタ。名物が多い。	たこ焼き。人がポジティブ。
女性	34	首都、大都市、狭い。	地方都市、元気がある。	汚い。
男性	47	首都、国際都市。	過去の栄光、三菱とトヨタの天下。	不愉快。
女性	36	東京タワー、大都市、乾いた夜景。	シャチホコ、味噌。	食の都、くいだおれ、お笑いの街。
女性	21	東京タワー。	なし。	くいだおれ人形。
男性	46	雑多、首都、オリンピック、中心、皇居、東京駅。	エビフライ、味噌カツ、城、トヨタ、しゃちほこ。	おばちゃん、自分勝手、商人、たこ焼き、引ったくり日本一、財政破綻。
女性	37	排気ガス。	見栄っ張り。	たこ焼き、暗い。
男性	53	おもちゃ箱をひっくり返したようにごちゃごちゃしている。	金のしゃちほこ。	ワイワイとにぎやかでやかましい。
男性	30	東京タワー、大都市、新宿、繁華街、都会、コンクリートジャングル。	シャチホコ、モーニング、愛知、天むす。	関西たこ焼き、お好み焼き、通天閣、漫才、道頓堀。
男性	38	東京タワー。	トヨタ。	お好み焼き。
男性	35	人が多い。	車。	うるさい。
男性	45	首都政治や物事を決めている感じがする。	トヨタの町トヨタ自動車が町を形成している。	緻密な町素直で腹にためることがない。
男性	31	首都、都会。	味噌煮込みうどん、名古屋城、中日ドラゴンズ。	食い倒れの町、地元、駐輪違反が多い。
男性	51	大都会。	みゃー。	食い倒れ。
女性	39	都会最新のお店がいろいろある、物価が高い、有名な良い学校が沢山ある。	名古屋メシ、名古屋城、トヨタ。	粉もん、吉本、大阪弁、阪神タイガース、安くて美味しいものが沢山ある。
男性	37	育った場所、都会、狭い。	海老フライ、甲子園、関西。	関西、犯罪、キチガイ、悲観しい。
男性	28	東京タワー、首都。	田舎と都市の中間、トヨタ。	大阪城、食べ物がおいしい、大阪弁。
女性	50	ビル群、ネオン、空気の汚れ、狭い路地、密集する家々。開発された町並み、便利な町事情高い衣食住。	味噌カツ、冠婚葬祭の派手さ加減。	たこ焼き、元気なおばさん、笑いの町。
男性	48	首都、人が多い。	車が多い。道が広い。あまり特徴が無い。	にぎやか。食い倒れ。
男性	29	都会。	しゃちほこ。	くいだおれ。
女性	48	おしゃれ。	トヨタ。	こわい。
男性	56	皇居。	金の鯱。	食い倒れ。
女性	42	都会、流行発信地、人ごみ、東京タワー。	名古屋めし（赤だし、味噌煮込み、ひつまぶし、味噌カツ、味噌おでん、おぐらトースト）、名古屋城。	お好み焼き、たこ焼き、くいだおれ、阪神タイガース。
男性	31	冷たい。	名古屋城。	あつかましい。
女性	29	電車が多い。	えびふらい。	漫才。
女性	29	繁華街が多く買い物も便利でなんでもある。	特になんにもないところ。	都会のようで都会じゃない。
男性	37	中央、秋葉原、眠らない街。	シャチホコ、ドアラ。	食いだおれ、USJ、日本橋。
男性	47	イベント、秋葉原、上野、御徒町、中野、山手線、ビジネスホテル。	地元、車がないと不便。	道頓堀、お好み焼き、金龍、アーケード、日本橋、風俗。

135

女性	32	都会。首都，中心。	第三の都市。	地元。第二の都市。
女性	49	ゴミゴミしているところ，人が多い。	いまいち都会的でないこと。	人々がセカセカしている感じ。
女性	26	どうしようもない都市。	食のおいしい街。	下品。
女性	48	首都。	金の鯱。	たこ焼き，うどん。
男性	25	人が多い。地方より仕事が多い。買物をするのに便利。渋滞が多い。地方出身者が多い。	外の人間を受け付けないイメージ。見栄張りが多いイメージ。	商売上手。値切りという文化。
女陸	29	渋滞。	派手な女の子。	たこやき。
女性	47	首都，皇居，国会。	城，ウイロウ，味噌カツ。	商人，たこ焼き，御堂筋。
男性	56	大都会。	きしめん。	大阪城。
女性	49	若いときは楽しい。住宅が高い。刺激的。	生活しやすい。公園や緑が豊富。田舎と都会が丁度良い具合。海が近い。	吉本。お笑い。荒い。
女性	32	都会。	ｔｏｙｏｔａ。	お笑い。
男性	31	霞が関，皇居，国会議事堂。	トヨタ自動車，外郎，味噌カツ。	ダイハツ工業，パナソニック，サンヨー，まいど１号。
男性	52	大都会。	名古屋城。	大阪城。
男性	32	都会，雑踏，東京タワー，欲望囊く街。	鯱鉾，名古屋城，トヨタ市。	ガンバ大阪，漫才，汚い淀川，大阪城。
女性	30	都会，忙しい，流行。	都会も田舎も両方ある，環境良い。	ごちゃごちゃしてる。
男性	32	都会。	えびふらい。	なんでやねん。
女性	45	都会。	味噌煮込みうどん。	たこ焼き，お好み焼き。
男性	65	東京タワー。	しゃちほこ。	たこ焼き。
女性	27	浅草。	味噌煮込みうどん。	たこ焼き。
女性	42	東京タワー。	シャチホコ。	道頓堀。
女性	45	芸能人が普通に歩いていても動揺せず，オシャレな町。	どぎつい派手なイメージ。	オープンでセコセコしない。
男性	59	大都会。余り生活はしたくない。	偉大な田舎。食べ物がおいしい。	関西弁に違和感。衰退している。吉本興業の文化。
女性	44	大都会，石原都知事，芸能界。	みそにこみうどん，ういろう，みそかつ。	くいだおれ，吉本。
女性	34	人が多い，個々人社会，空気が汚い，かろうじて日本。	みゃー，クルマをつくってる近く，愛地球博，やっとかめー。	韓国人に占拠されている，汚い，ごみごみしている，堺。
女性	53	首都。	鯱鉾。	第二の都市。
女性	49	東京タワーが脳裏に浮かぶ。	みそカツ。食べたことはないが，食い道楽の町。	突っ込みに強く，よくしゃべる気質の人たちがいる町。
男性	41	大きな都市。	味噌かつ，きしめん，ういろう。	通天閣，お好み焼き。
女性	48	大都市，日本の中心。	しゃちほこ。	食い倒れ，大阪弁言葉。
女性	24	なし。	なし。	なし。
男性	56	銀座，六本木，新宿。	ういろ，名古屋城。	たこ焼き，お好み焼き。
男性	44	日本の中心。	味噌カツ。	地元。
男性	37	東京タワー。	地元。	ＵＳＪ。
女性	32	首都，都会，人が多い，夜も賑やか，電車がいっぱいで複雑，色々な店がある。忙しそう。	地元。名古屋城，独特であまり理解されない事が多い。	賑やか，人情が厚い。観光よりグルメ。楽しい。
女性	30	都会的で常に流行の最先端をいっている。オシャレな人やお店が多い。自分のスタイルを皆持っている。	流行りが２～３年後になって入ってくる。都会だけどなかなか都会になりきれない中途半端さがある。保守的。	東京の次に都会。独自の文化がある。個性的。
女性	50	世界一物価の高い都市。大都会。	日本の中心部にあり日本国内が不景気でありながら，その中でも比較的景気が良いところ。	たこ焼き，お好み焼が美味しいところ。吉本を初めとするお笑いの地。街の活気の良さ。
女性	32	日本の首都。	名古屋嬢。	お笑い食いだおれ。

資　料

男性	50	東京タワー。日本の首都。六本木ヒルズ、浅草。政治経済の中心。	金の鯱ほこ、えびフライ、味噌煮込みうどん、栄、松坂屋。	くいだおれ、大阪城、USJ、難波、阪神タイガース。
女性	31	何でもあって便利。	見栄っ張り。	ずうずうしい。
男性	42	人ごみ。	自宅。	大阪弁、汚い。
女性	28	日本の中心。	味が濃い料理が多い。	USJ。
男性	40	雑多な都会。地方からの就職。	緑が多い。	古都に囲まれた街。
女性	47	大都市、日本経済の中心、不夜城。	中日ドラゴンズ、エビフライ。	商人、派手、世話焼き。
男性	28	人と金が集まるところ。	意外と可愛い女の子が多い。	笑いについて勘違いしている。在日韓国・朝鮮人が多く、住みにくい。
女性	39	楽しい、便利。	堅実、おもしろい食べ物。	ケチ、大阪大好き、おもしろい、阪神。
女性	56	日本の中心。石原都知事のやりたいことにやっているところ。東北や北海道の人も多そうで純粋な江戸っ子は少なそう。名古屋でもそうだが東京の中心部と周りの東京では都会の地域差があるかなと思う。一般に言われる東京は空気が少なく空気も汚く水もまずい。そして何より物価が高いんですよね。	東京と大阪にはさまれた偉大なる田舎。失敗するだろうと言われた万博も難も無く成功させた。何事にも無難に制すところが名古屋らしいところ。物価も比較的安いほうだし水は日本でも3番目位に美味しい。	おばちゃんが凄い。物を購入するのに値切るのは当たり前という。値切らないはうがおかしいと大阪出身の大人しい男性に言われたときには吃驚した。
男性	36	東京タワー。	テレビ塔。名古屋城。	道頓堀。
男性	43	東京タワー。	名古屋城。	USJ。
男性	23	都会。怖い。標準語。巨人。東京タワー。地下鉄一人で乗れそうにない。首都。んまり良いイメージがない。あんまり好きじゃない。うるさそう。土地が高い。家賃が高い。物価が高い。109。山手線。渋谷。新宿。歌舞伎町。大阪と地名がかぶってるとこが多い（京橋、新橋とか）	都市ってイメージがあんまり無い。ご飯が多そう。モーニング。日本の真ん中あたりのイメージ（場所的に）。セントレア。栄。名古屋の周りに都市がなさそう（大阪なら神戸や京都みたいな感じ）。	安い。ガラ悪い。関西弁。大阪弁。キタ。ミナミ。ミナミの帝王。新世界。吉本新喜劇。大阪環状線。たこやき。いかやき。お好み焼き。気前がいい。HEP。なんばウォーク。なんばパークス。だんじり。御堂筋。新御堂筋。心斎橋。難しい地名。おばちゃんの豹柄。ひっかけ橋。グリコ。マクド。ドンキの観覧車。海遊館、天保山。大阪南港。インテックス大阪。ATC。大阪ドーム。梅田。
女性	38	首都、都会、土地が高い。	名古屋弁、シャチホコ。	おばさん、ヒョウ柄、たこやき、飴ちゃん。
男性	58	中心。	田舎。	こてこて。
女性	26	事件が多い。人が多い。	みそかつが有名。	お笑い、お好み焼き、たこ焼き、通天閣。
女性	39	東京タワー、お台場、大江戸線。	ナナちゃん、みそかつ、オアシス21、エビフライ、セントレア、ドラゴンズ、浅田姉妹。	お好み焼き、たこ焼き、アメ村、よしもと、淀川、タイガース、関空、USJ、大阪城。
女性	39	日本の中心地、情報発信基地、大都会。	都会田舎、男性が優しい、「お値打ち」に弱い、結婚式が豪華、でか盛りの聖地、地元愛強し、八丁味噌文化。	食い倒れ、粉もん文化、ノリがいい、ひやしあめ、どこでもそのまま大阪弁を通す値切るのが当たり前。
男性	33	とても刺激が多く楽しそうな半面、人が多く、緑が少なくすみ難そう。	都会と田舎の間。必要なお店などは一通りそろっている上に、少し郊外へ出れば緑も多く残っている。	正直なところ3大都市圏でもっともすみたくない街。緑も東京より少なく町の活気も少なそう。
女性	28	コンクリートジャングル、人が多い、日本の中枢。	みそかつなどの名物料理、シャチホコ、ドラゴンズ。	お笑い、たこ焼き、関西弁。
男性	43	自分の町。	ひつまぶし。	浪速商人。
女性	38	はなやか。	お金持ち層。	食べ物がおいしい。
女性	39	高層ビル＆ごちゃごちゃしている。	田舎町＆お金持ち。	人情＆阪神タイガース。
女性	36	物価が高い。	食べ物がおいしい。	にぎやか。
男性	40	都会便利。	浜名湖、ういろう、味噌カツ、ドラゴンズ。	お笑い、せっかち。

137

女性	41	自由が丘。渋谷。山手線。お台場。高層ビル。	味噌カツ。トヨタ。婚礼にお金がかかる。せこい。	取引に汚い。うそつき。調子がいい。セコイ。くちばっかり。あつかましい。
男性	42	都会。	きしめん。	大阪弁。
女性	42	大都会。東京タワー。渋谷スクランブル交差点。浅草。	しゃちほこ。味噌カツ。きしめん。	大阪城。お好み焼き。たこ焼き。通天閣。新喜劇。
男性	47	大都会。	トヨタ。	商売。
女性	40	首都。人が多い。新開発が進んでいる。	名古屋城。きしめん。みそかつ。	関西弁。粉モノ文化。
女性	46	自分の育ったところ、仕事しているところ、住んでいるところ、自分の根っこ。	金のしゃちほこ、味噌カツ、味噌煮込みうどん、結婚するときに味噌したこってり道具を見せびらかす（？）	商人の町、お好み焼き、通天閣。
男性	46	眠らない都市。	堅実な都市。	あきんどの町。
男性	43	タワー。	鯱。	たこやき。
女陛	57	石原都知事、東京オリンピック、浅草、秋葉原。	味噌煮込み、ひつまぶし、東山動物園。	くいだおれ。
女性	46	オリンピック開催候補地、都会、首都、上野動物園、東京タワーといったものを思い浮かべますが居住地の為毎日の生活の一部に東京がなっています。	シャチホコ、名古屋弁、豊田自動車、味噌煮込みなどの味噌を使用したこってり料理など東京に近い都会といったイメージ。	出身地、関西弁、たこ焼き、道頓堀、食い倒れ、大阪城などでも最近西には行きません。
男性	43	車で移動するより電車で移動した方が早い。	名所が少ない、目玉の観光地が無い。	食文化の街、名物は沢山あるが名所は少ない。
女性	45	都会。	生まれた町。	商人の町。
男性	41	人が多い。	都会の田舎。	関西弁、おかんが強い。
女性	36	日本の中心、都会東京タワー。	味噌カツ、きしめん、ういろう、天むす、金のしゃちほこ。	たこやき、吉本、関西弁。
女性	43	首都、人ごみ。	派手。	地元、派手。
女性	35	東京駅、ディズニーランド、渋谷の交差点、新宿の歌舞伎町。	シャチホコ、手羽先、味噌カツ、きし麺。	道頓堀、大阪弁、お好み焼き、たこ焼き、グリコ、ガンバ大阪。
男性	43	人ごみ雑踏。	節約、派手、味噌煮込み、ういろう、きしめん。	たこ焼き、関西弁。
女性	35	東京タワー、渋谷の交差点、六本木ヒルズ。	しゃちほこ、ひつまぶし、みそカツ。	通天閣、串カツ、お好み焼き。
男性	33	東京競馬場、東京タワー、皇居。	中京競馬場、名古屋コーチン、金のしゃちほこ。	通天閣、大阪城、御堂筋。
男性	48	ごみごみきゅうくつ人情味がない。	うそつき、利己主義、右左にうごく、実直。	もうけっまっか、さいきんはたにん、きごころ、ほんね、ゆうことわゆう。
男性	50	日本の首都。	ういろう。	マナーが悪い。
男性	51	秋葉原。	栄町。	天王寺。
男性	30	うるさい。	だがや。	商人。
女性	59	頭脳集団の街。経済至上主義の本拠地。	婚礼の家具等が派手。味噌カツ、外郎。	商人の街、食い倒れの街。
男性	34	大都市で駅が複雑。本社がたくさんある。	トヨタの町。派手な人が多い。車が多い。名古屋城。名古屋飯。	大阪弁、タイガース、おばちゃんがうるさい。
男性	40	都会。	しゃちほこ。	通天閣。
女性	28	首都。	地方都市。	地方都市。
女性	38	都会、人が多い、お店が多い、友達が住んでいる、家賃が高い、少しの間だけ住んでみたい。	食べ物が美味しい、ひつまぶし、名古屋城、きしめん、マリオット、ういろう、大阪より近い。	地元、コテコテ、社交辞令が多い、時々うっとうしい、安くて美味しいお店が多い、阪神タイガース、阪急電車。
男性	39	東京タワー。	味噌カツ。	たこ焼き。
男性	58	東京タワー。	名古屋城。	大阪城。
女性	36	満員電車、どこでも、人が多い。物価が高い。TLD。	名古屋コーチン、手羽先、モーニング、トヨタ。	お笑い、吉本しんき劇、たこやき、お好み焼き、大阪のおばちゃん。

138

女性	52	首都。	名古屋城。	大阪商人。
女性	22	大都会。	中途半端に都会。	関西弁。
女性	35	洗練されたスマートな場所。でも、どこか冷たい感じがする。	日本の真ん中にある都会すぎず田舎でもない、ちょうどいい場所。	ゴチャゴチャした所と整った所が混在している場所。
男性	48	都会、ゴミゴミしてる。	都会と言うより田舎。	ごちゃごちゃした感じ、庶民的。
女性	45	首都、東京タワー。	しゃちほこ、みそかつ。	たこやき、お笑い。
女性	38	東京タワー。	しゃちほこ。	たこ焼き。
男性	48	大都会。	田舎都市。	商人の町。
女性	40	六本木ヒルズ。	えび。	おこのみやき。
女性	28	ビルが立ち並ぶオフィス街の風景。	シャチホコ。	くいだおれとグリコ。
男性	25	東京タワー。	みそかつ。	たこやき。
男性	41	首都、ビジネスの中心、都会、遊ぶところ、人多すぎ、秋葉原。	名古屋コーチン、きしめん、味噌カツ、大須。	たこ焼き、日本橋、USJ、道頓堀。
男性	43	流行、かっこいい、都会。	個性的、田舎っぽい、岐阜と三重のファッションリーダー。手羽先、味噌煮込み。	吉本。たこ焼き。
男性	48	メガタウン、眠らない、地方からの集まり、おしゃれ、見栄。	質実、いなか、中心、製造業。	食べ物、本音、ボケとツッコミ。
男性	27	都会、ビル。	名古屋城。	たこ焼き、関西人。
女性	38	日本の中心、経済の中枢。日本最大、ニューヨーク、ロンドンに並ぶ日本代表の都市。大企業オフィスが集中する都市。一方、冷たい、他人に興味のない個人主義的な街。駅でいえば、渋谷、新宿、池袋、浅草、秋葉原。皇居、永田町、六本木ミッドタウン、丸の内。	名古屋城、煮込みうどん。保守的。トヨタの街。	東京に次ぐ第2の都市。関西の代表。関西弁が飛び交う街。関東の代表が東京なら関西代表は大阪。人情厚く、おしゃべりが多い。女性は派手。
女性	31	首都高速や、高層ビル。	金の鯱。	天下の台所看板。
女性	45	銀座や青山などのショップ、品ぞろえが豊富で選択肢が多い、高層ビル群、人が多い。	商品のバリエーションが少ない横並びが好き変化が嫌い。	横並びが嫌い、人と違っていることが大好き、おおらか、庶民ぽい。
男性	41	首都、皇居、仕事場、生まれた所。	途中で寄る所、ひつまぶし、派手、味噌煮込みうどん、計画都市。	お好み焼き、たこ焼き、大阪城、出張先、お笑い。
男性	37	都会。	みそ。	おばちゃん。
男性	28	お台場。	味噌カツ。	たこやき。
男性	44	大都市、自然災害などにも強いと思うし道路などの整備も良いと思います。	中途半端。	大嫌い。
男性	23	もんじゃ。	手羽先。	たこ焼き。
女性	43	首都。	地元。	面白い。
男性	27	殺伐とした無機質な大都市。	東京でも大阪でもない中途半端な大都市。	ごみごみしてはいるが、明るい大都市。
女性	33	大都市、密集している。	味噌煮込みラーメン。	ユニバーサルスタジオ、西の都。
男性	43	故郷。	あまりにも中途半端、他人に迎合しやすい人たちの集まった土地。	在日朝鮮人。
男性	62	日本の首府。	地方都市。	ガラが悪そう。
女性	28	都会で高層ビルが多く、夜も明るい。芸能人がたくさん見れそう。	しゃちほこ、お金持ち。	食べ物、おばちゃん。関西はヒョウ柄ばかり着た人が多いと思われてそう。ガッツガッセカセカしてる人ばかりと思われてそう。気軽に話しかけてくる。
女性	37	物価が高い。緑が多い。人が多い。	味噌煮込みうどん。きしめん。地下街。人が多い。	地下街。動く歩道は歩くもの。人が多い。緑が少ない。
男性	44	首都、大都会、高層ビル、江戸。	名古屋城、金のしゃちほこ、ういろう。	大阪城、通天閣、難波、道頓堀、食い倒れ。

男性	47	人が多い遊ぶところが多い。	トヨタで持っている味噌，田楽。	粉ものの食道楽アクが強い。
男性	60	巨大，輻輳社会，主軸。	進取の気風，トヨタ。	商い，くいだおれ，活気。
男性	43	東京タワー，電車，若者。	味噌カツ，えびフライ，すがきや。	たこ焼き，お好み焼き。
女性	33	高層ビル。電車の路線図。若者。テレビ局。	名古屋コーチン。味噌田楽。しゃちほこ。	お好み焼き。大阪弁。吉本。たこ焼き。
男性	32	ビル群が立ち並ぶ，頑張り次第でどんなものにもなれそうな場所。	日本第三の商業都市。	狸雑。下品。
男性	45	花粉症。	ない。	食い倒れ。
女性	43	都会。	ひつまぶし。	くいだおれ。
女性	34	都会。	しゃちほこ。	お好み焼き。
女性	61	雑然とした街。	都会だけど田舎。	本音がいえる町。
女性	38	東京タワー，東京駅，高層ビル，都会，人ごみ。	味噌カツ，ひつまぶし，変な食べものが多い。	大阪城，串カツ，どて焼き，焼肉，関西弁，芸人，大阪のおばちゃん，通天閣，ミックスジュース，出汁，きつねうどん，お好み焼き，たこ焼き，てっちり，ハリハリ鍋，道頓堀，心斎橋，梅田，茶屋町，天神橋筋商店街，上方落語，世話好きな人。
女性	23	大都会，迷いそう，空気が汚い，怖い，人が冷たい，孤独。	運転が荒い，味噌カツ，ひつまぶし。	おばちゃん，ヤクザ，阪神タイガース，たこやき，お笑い。
女性	27	「東京」はビジネスマン，旅行者，家族など様々な人が通過するところというイメージがあります。たぶん友達が住んでいる，遊びに行くということがないからだと思います。でも駅は大きいし，海外でも横浜や大阪と言っても通じないけど，東京と言えば誰でも知っている有名な固有名詞だからだと思います。他のイメージ：都庁，皇居。丸ビル。赤煉瓦の駅。新幹線。人ごみ。旅行者。	派手な女性が多く，鼻が高いイメージで。多分雑誌に出てくる女性が名古屋の人は派手という先入観。	物価が安くて食べ物が薄味でおいしい。関西弁の口調が強い感じなので，ちょっと怖いイメージです。
男性	39	人ごみ。	鯱ほこ。	グリコ。
男性	42	東京タワー。	きしめん。	食い倒れ人形のある道頓堀の風景。
男性	46	首都。	自動車産業。	食文化。
男性	47	日本の中心だが，住みにくい。	大いなるいなか，ドけち。	お笑い，せこい。
男性	43	東京タワー。	自動車生産。	万博。
男性	48	そば，寿司，天ぷら。	海老フライ，きしめん，ういろう。	信号無視，迷惑駐車。
女性	34	どこにいっても人が多い。	自分の住んでいるところ。	関西弁。
女性	37	人が多い。	豪華。	値切る。
女性	34	都会で人が多い。物価が高い。	味噌カツ，きしめん，手羽先。見栄っ張り。	食べ物がおいしい。派手好き。
男性	29	大都市，ラーメン激戦区，ラーメンがうまい，人と人同士のつながりが希薄，秋葉原。	日本第三の都市，関東関西の境目，どことなく中途半端，独自の文化がある，地下街が多い。	食い倒れ，おばちゃん，ずうずうしい，無秩序で雑多な感じの街の構成。
男性	45	政治・経済の中心。	産業の中心。	文化の中心。
男性	41	大都会，タワー，ディズニーランド。	名古屋城，味噌。	お好み焼き，関西弁，漫才，値切り文化。
男性	20	大都会。	あんかけスパ，味噌カツなどのグルメ。	食い倒れの街。
男性	21	ビルが密集している，人が多い，ものであふれている。	トヨタ，新幹線，洗練されている都市。	情緒がある，お笑い，借金。
女性	22	首都，大都会，小さい，オリンピック。	派手，きらびやか。	おもしろい，ホームタウン。
女性	59	人が多い。	きしめん，見栄っ張り。	食べ物が安くて美味しい。

資　料

女性	41	都庁，赤坂サカス，H＆M。	シャチホコ，味噌煮込みうどん，ういろう。	お笑い，たこ焼き，ぶたまん，おこのみやき，吉本新喜劇。
男性	64	巨大都市。	第3番目。	第2番目。
男性	33	都会。	名古屋城，味噌煮込み。	関西弁。
女性	35	故郷，下町，東京タワー，浅草寺，人がやたら多い。	しゃちほこ，味噌，ナゴヤドーム，夏暑い。	関西弁，吉本，道頓堀，うるさいおばちゃんがいるまち。
女性	40	大都市。遊ぶ事にお金がかかりそう。（お金がないと遊べない）寂しさが身に沁みそう。美術館が多くて，うらやましい。	味噌カツ，エビフライ，味噌煮込みうどん。金のしゃちほこ，名古屋城。変わった人が多い。	明るい，楽しい，面白い。食べ物が美味しい。気さくな反面，ずうずうしいけど，なんか憎めない。丁度いい規模の都会だから，住みやすい。ただ，まだまだエコや町の美観には，出遅れ感があります。
男性	58	人口の多い大都会。	人口の多い大都会。	庶民的な都会。
女性	32	人が多い，ゴミゴミしている。	味噌煮込み。	たこ焼き，運転が荒い。
女性	41	大都会。人が多い。遊びには行きたいけど，住むのには抵抗がある。鉄道など交通網が発達している。芸能人にすぐ会えそう。	道路が広い。これといって観光名所がない。最近は「名古屋めし」がブーム。	お笑いの街。たこ焼き，お好み焼き。街がごみごみしている。
男性	51	自分の故郷，都会，世界都市。	きしめん，しゃちほこ，みそかつ。	たこやき，ガンバ，大阪弁。
女性	32	日本の先頭を突っ走る都市だが，コンクリートの塊ばかりではなく，意外にゆったりした空間も残っている。	派手好きだとか聞くが，行ってみると特に変わったところは見つからない。東西日本のものが混在して売られていたりする。	泥臭いかゴミゴミしているかどちらか。大阪出身には妙なプライドを持っている人が多い。
女性	35	東京タワー，東京メトロ，東京ブギウギ，江戸，ZeppTokyo，ディズニーランド。	えびふりゃー，天むす，小倉トースト，味噌煮込みうどん，ひつまぶし，ダイアモンドホール。	通天閣，なんば花月，お好み焼き，たこやき，大阪城。
男性	43	首都。	味噌煮込み。	大阪弁。
女性	44	東京タワー。あまり好きじゃない。	金のしゃちほこ，名古屋弁，エビフライ，ミソカツ，きしめん。	地元，粉もん，ミナミ，ウメダ，通天閣，道頓堀，御堂筋，大阪弁，お笑い。
男性	43	人が多い。物価が高い。	特にない。トヨタの町。	食べ物がおいしい。下品な人が多い。
男性	32	都会。東京タワー。	名古屋城。	お笑い。たこ焼き。くいだおれ。関西人。
女性	27	人ごみ。疲れる。公共交通機関が安い。でも住みたくない。	居心地がいい。都会すぎず田舎すぎず公共交通機関も発達してるので住みやすい。食べ物はおいしいがあまり観光するところがない。	人が多い。せっかち。
女性	40	都会。	きしめん，みそカツ…食べ物。	吉本新喜劇。お笑い。たこやき。
男性	35	大都会。東京タワー。	味噌カツ。三英傑。	食べ歩き。
女性	50	なんでもある。	城。	道頓堀。
女性	30	人ごみ。	ブランド。	たこ焼き。
男性	29	東京タワー。	みそかつ。	たこやき。
男性	44	混雑，混沌としている，異人種の集まり。	自己満足の集大成。	身勝手な人間の集まり。
女性	51	お金たくさん持ってミュージカル観たり，遊びに行きたい。	手羽先，エビフライサンド，きしめん，あんかけスパ，味噌煮込みうどん。	お好み焼き，たこ焼き，こなもん。
男性	51	お台場。東京タワー。	名古屋空港。名古屋城。	大阪城。
女性	27	大都会。いろいろなものがそろっている。	あまり発展しない。かわった食べ物が多い。	おばちゃんがすごい。アニマル柄のふくをきている。
男性	51	東京タワー，六本木ヒルズ，首都。	みそ煮込み，ひつまぶし。	道頓堀，食道楽。
女性	33	高層ビルの多い都市。	少し懐かしい雰囲気の都市。	ごちゃごちゃした都市。
男性	30	なんでもある。自分が住む場所。コンクリート。	しゃちほこ。ドアラ。てばさき。	たこやき。おこのみやき。ごった煮な場所。
男性	45	日本の首都。	名古屋城，中日ドラゴンズ。	阪神タイガース。

141

男性	52	青春。レトロ。	中日ドラゴンズ。出身地。	大阪弁。吉本興業。
女性	54	首都、混雑、人口過密。	味噌カツ、味噌うどん、見栄っ張り。	芸人根性。
男性	30	東京タワー。	金の鯱。	たこ焼き。
男性	51	自分の娘が現在一人で大学生活を送っている町。	自分が現在単身赴任生活を送っている町。学生生活を送った町。昔から変わらないが街並はそこそこだが偉大なる田舎を脱っしきれない街。	なぜか友人が多く。自分の青春の街。
男性	35	ごちゃごちゃした街。ヒトが冷たい。冷めた人間関係。	きしめん。ういろう。独特の世界観を持っている。	人情味あふれる。何かにつけてボケたがる。話してないと気が済まない。笑いが絶えない。たこ焼き。
女性	40	東京タワー、上野動物園、アキバ、国会議事堂、浅草。	しゃちほこ、ひつまぶし、名古屋巻き（髪型）、トヨタ、ういろう、みそかつ。	通天閣、お好み焼き、たこ焼き、食道楽、大阪弁、ひょう柄おばちゃん、ラテン大阪気質、鶴橋、庶民的、阪神タイガース。
女性	40	大都会、空気が悪そう、人が多すぎる、ファッションの最先端、新しいものは東京から。	みそ、お金持ち？、けち、みえっぱり。	がめつい、愛想のいい、ガラが悪い、品がない。
男性	50	人が多すぎ。活気がある。誰が何をしているのかわからない。情報過多。節約生活は出来ない。交通は便利。しかし道を歩きにくい。狭い。	大げさ。人が多い。派手好き。暑い都市。ドラゴンズ。金のしゃちほこ。	ケチ。詐欺に引っかかりにくい。人情がある。他人をほっておかない。お節介。口数が多い。ごちゃごちゃした町。狭い。真ん中に集まりすぎ。キタとミナミではまるで違う町。道頓堀川。食い倒れ太郎。
女性	29	都会。	派手、しゃちほこ。	たこやき。
男性	41	日本の首都であり、世界屈指の国際都市でもある。	名古屋城。味噌カツ、きし麺。今年のノーベル賞を受賞した方は名古屋大学出身。日本三大ブスの一つ。	関西人の中心地。自己中心的な粗野な人間が多い為。汚い、垢抜けていない。コテコテが気に入らない。府知事の橋下さんは良く頑張っておられると思う。
男性	30	広い。	味が濃い。	雑多。
女性	32	人ごみ、空気が悪い、詐欺、世知辛い、田舎者の集まり、色んなものの値段が高そう、ディズニーランド。	名古屋弁、名古屋飯、夏暑くて冬寒い、トヨタ、名古屋城、名古屋嬢。	粉もん文化、お好み焼き、たこ焼き、大阪弁、優しい、個性の強いおばちゃん、おいしいものが多い、大阪城。
男性	50	首都。一番の経済区。	みそかつ、結婚式、きしめん。	食いだおれ。せこい。お笑い。
男性	46	都会。	地元。	関西。
女性	46	大都会、ひとりで行動するには迷ったりと不安がある。遊びで行くには楽しそうだが物価が高そう。芸能人に会える。	車が多い。お金持ちが多い。生活し易い。世間一般に愛知の人は名古屋と呼んでしまう傾向がある。日本の中心で全てここでうまくいけばどこの県でも住むことが出来る。	食べ物が美味しい。気さくな人が多い。遊ぶところも多い。
男性	25	東京タワー、人が多い、日本の中心、浅草、秋葉原、上野、新宿、池袋、ディズニーランド。	みそかつ、名古屋コーチン、ういろう、名古屋城、栄地下。	たこやき、阪神タイガース、おこのみやき、USJ。
男性	30	満員電車。	海老フライ。	お笑い。
女性	35	都会、受験戦争、首都。	しゃちほこ、ひつまぶし、豪華な結婚風習、味噌煮込み。	お笑い、通天閣、大阪城、グリコの看板、お好み焼き、関西のノリ。
男性	41	機能。	みゃー。	おおきに。
男性	45	雑踏。	田舎。	五月蝿い。
男性	41	新規開発ばかり、変わり続ける街。	トヨタ、何をしても中途半端な街。	大阪弁きらい。
男性	43	首都。政治の中心。	トヨタ。名古屋城。	大阪城。たこ焼き。お好み焼き。お笑い。橋下知事。

男性	60	人と車の多さ。ラッシュアワーのむさくるしさ。メイデーのスト時、物凄い距離を歩かされたという思い出から、鉄道がなけりゃ身動きできなくなる不便さの町。地震の恐怖が付きまとう町。地震が起きたら人が邪魔になり逃げられなくなる恐怖。兎に角国の最終決定組織の一極集中しすぎ。分散化が直ぐに必要。焼き鳥と居酒屋が多い町。車通勤でないからサラリーマンの酔っ払いが多い町。	車をむちゃくちゃ走らせたがる輩の多い町。車を作ったのは自分でないのに、車に乗るとさも天下取ったように感じる馬鹿が多い町。名古屋ナンバーと三河ナンバーでは全然気性が違う。三河ナンバーは所謂不良走り。石橋叩いても渡らない気質は今回のように、石橋そのものが崩れると再起に時間がかかる可能性が高い。二番なりが多い町。	商売熱心。だが、熱心すぎて相手に迷惑を掛ける事が多くある。ごちゃごちゃとした町を好む気質。綺麗という言葉があまり似合わない町。
女性	30	高飛車な感じ、自分が一番と思っている人が多そう。	見栄っ張り。	派手、やかましい。
男性	29	人ごみが凄い。とにかく流行の発信基地だと感じている。何でもそう。	優しい人が多い。物価が安い。喫茶店ではいつ行ってもモーニングが食べられる。	お笑い。会話にオチがないと変な空気になってしまう。おばちゃんパワーが凄い。
男性	39	都心。ありとあらゆるものが集中している。	トヨタのお膝元。あとは鏡、味噌カツ、ういろう等。	自分の街。いろんなものが織り交ざって存在している。
男性	22	タワー。	味噌カツ。	だんじり。
女性	53	首都。	みそかつ。	ごちゃごちゃしている。
女性	22	東京タワー。	シャチホコ。	たこやき。
男性	33	大都会。	道が広い。	ごみごみしている。
男性	21	東京タワー。	名古屋城。	たこ焼き。
男性	35	街がうるさい。	田舎。	そそっかしい。
女性	58	東京タワー。	コーチン。	大阪城。
男性	38	六本木ヒルズ。	味噌カツ。	通天閣。
女性	50	住むのに便利。何でも揃ってる。	独特の文化がある。食べ物が美味しい。	お笑い。食べ物が色々有る。
女性	38	都会。人が冷たい、他人に関心ない人が多い。ごみごみしている。日本の県庁所在地。	方言、味噌、名駅。	たこ焼き、USJ、お笑い、ねぎり、おばちゃん。
男性	42	大都会、日本の首都、中心、生まれ故郷、ゴミゴミ、喧騒、人が多い。	昔住んだことがある、第二の故郷、みや〜、大通り、大いなる田舎。	友人が多いのでよく遊びに行く、関西弁、ガキのクセして関西弁しゃべってる、たこ焼きやお好み焼き、東京と競ってる。
女性	31	日本の中心である都市。	手羽先、コーチン、味噌煮込みうどん。	たこ焼き、お好みやき。
女性	47	首都。大都会。東京タワー。ディズニーランド。	金の鯱。手羽先。名古屋城。味噌煮込み。	食いだおれ。関西弁。おばちゃん。儲かりまっか？
女性	43	日本の首都。都会。	味噌煮込みうどん。名古屋城。八丁味噌。味噌カツ。ういろう。喫茶店のモーニングセット。名古屋コーチン。	たこやき。お好み焼き。大阪城。関西弁。お笑い。
男性	32	人が多い。	みそかつ。	たこ焼き。
男性	24	田舎者の集まり。文化や情報等の中心。日本の首都。	我が町。安心。	独自の文化。自尊心が強い。
男性	28	やはり東京タワーしか考えられない。東京の名がついて名物でしかも戦後の首都の象徴だから。	名古屋城と金のしゃちほこ。	道頓堀と通天閣。
男性	21	人が多い、冷たい人も多い。東京タワーや浅草寺などの名所が多い。情報の発信地。若者が多い。テレビ局が多い。サッカーではFC東京・東京ヴェルディ1969、野球では巨人の本拠地。地下鉄が多い。	名古屋弁。栄を中心に繁栄している。テレビ局が多い。名古屋城などの観光地がある。サッカーでは名古屋グランパスエイト、野球では中日ドラゴンズの本拠地。	道頓堀を中心に食べ物が豊富。大阪弁。人情がある街に思えるが、おばさんが怖そう。サッカーではガンバ大阪の本拠地、野球では阪神タイガースのファンが多い。
男性	38	日本の首都。日本にありながら日本で無い国際都市。	トヨタ自動車で成り立っている街。	関西商人。気忙しい。

女性	25	都会，人が多い，賑やか，コンクリート，情報。	みえっぱり，味噌，変な食文化，祭りが派手，パチンコ。	笑い，関西弁，食べ物がおいしい，人情，ヤンキー，ゴミが多い，派手，隙間無く広告。
男性	30	東京タワー。	みそ。	道頓堀。
女性	34	東京タワー，雷門，お台場，賑わい，高層ビル。	きしめん，味噌煮込み，ななちゃん，虹。	戎橋，新大阪，鶴橋，船場道頓堀，アメリカ村。
男性	33	都会。	トヨタ。	下町。
男性	39	遊ぶ場所が少ない。		食べ物がおいしい。
女性	51	都会，人が多い，あらゆる情報発信の場所，物価が高い，洗練されている印象。	みそカツ，エビフライ，見栄っ張り，地方都市。	ごちゃごちゃしている，町が汚い，町がうるさい（特に南），オバサンが元気，声が大きい，女子高生もオバサン化している。放置自転車，ヤンキー，人の迷惑になる事も平気。
男性	50	物価が高い。	結婚式が派手。	商売人。
女性	31	首都，東京タワー，ディズニーランド，皇居，国会議事堂。	名古屋城，味噌カツ，ひつまぶし，天むす，コメダ珈琲。	通天閣，たこ焼き，お好み焼き，食い倒れ，道頓堀，かに道楽，づらばや，ビリケンさん大阪城，心斎橋。
男性	33	東京タワー，上野動物園。	外郎，みそ。	たこやき。
女性	57	公共交通の連絡や交通網の充実で，自動車がなくても移動がラクにできる町。人口が集中しすぎている。意外と町に『緑（樹木）』が多い。カラスが多い。江戸と現代がとなりあわせのミョーな空間があって，そのことがとてもよい。	公共交通網の不足，連絡が悪く，個人の自動車がないととても不便な町。市内中心部の道路巾が広い。市内に『緑（樹木など）』が少ない。昔からの名古屋の歴史の繋がりを感じない町。都市計画がない，企業や住民の感覚優先で建造物を作り，改造するので街がバラバラというイメージ。	街全体がゴチャゴチャ，雑多というよう見える。うらがえすと元気？なのかな。駐車違反の自動車が目立つ。街に落ち着きがなく，住むにはつらい。
女性	31	うどんがまずい。	派手。	ええとこ。
男性	47	人が多い。	名古屋城。	食いだおれ。
男性	45	東京タワー。	味噌カツ。	たこ焼き。
男性	39	秋葉原，東京ディズニーシー。	名古屋城の鯱。	たこ焼き，お好み焼き。
女性	31	日本の首都・心臓部。人や高層ビルが多い。何でもある。	名古屋城，エビフライ。見栄っ張り。頑固。	お笑い。たこ焼き＆お好み焼き。ケチ。
女性	43	しゃべるかたインテリーぽい，つんとしている。	お金かける，しゃべりかた変。	話しやすいし，親切です。
男性	26	都会，東京タワー。	名古屋城。	道頓堀。
女性	44	高層ビル，怖いところ。	田舎，住みやすいところ，節約家。	言葉が乱暴，吉本。
女性	49	イベントが多く行われている。	我が町。	食べ物が美味しい。
男性	47	人が多い。	パチンコ。	せっかち。
女性	32	東京タワー，繁華街，冷たい，芸能界。	しゃちほこ，味噌カツ，きしめん，中日劇場。	食道楽，北新地，おばちゃん，関西弁。
男性	50	ひと昔前のように輝きも魅力も感じない巨大な偶像都市。地方の時代をつくづく感じさせる象徴。	東京と大阪にはさまれ，何も無い中途半端な田舎街。可でも不可でもない特徴のない土地柄。	人間的な温かみをイメージ出来る魅力的で活気のある街。ただし，在日のイメージが強く大きなマイナスを感じる。
男性	56	煩雑。	しゃちほこ。	関西空港。
女性	45	東京タワー。	金シャチ。	お好み焼き。
男性	42	石原都知事，東京タワー，渋谷，109，首都高速，おいしいものがあつまるところ。	木材屋さん，鳥のてば，大盛，金のしゃちほこ，結納が豪華。	お好み焼き，車のマナーが悪い，けち。
男性	58	人口過密都市，物価が高い。	自動車製造及び関連会社，パチンコ機器製造。	商業都市，おばちゃん。
男性	34	東京タワー，浅草，東京駅。	ひつまぶし，名古屋城。	道頓堀，たこ焼き，お好み焼き。
男性	47	大都市。	トヨタ。	吉本興業。

資 料

女性	44	首都、東京タワー。	トヨタ、みそ込みうどん。	たこ焼き、関西弁。
女性	22	渋谷、原宿、新宿等のビルが沢山並んでいる都会風景のイメージです。本来東京ではないですが、ディズニーランドも連想されます。他には東京タワー、渋谷109、新幹線が連想されました。	名古屋城、名古屋コーチン、あまり名古屋に行く機会がないので特にありません。	大阪は、やはり難波や梅田（もしくはキタ・ミナミ等）という都市名や、大阪の代名詞のたこやき、お好み焼き等。他には通天閣や大阪城等が連想されました。他には、大阪弁等の言葉やヒョウ柄を着たおばちゃん等のイメージです。
女性	21	コンクリートジャングル、人が冷たい、お金、治安が悪い、芸能人が多い、政治家、オタク、ギャル、大都会。	矢場とん、大須、3番目の都市、都会と田舎、デパート。	道頓堀、いい町、2番目の都市、自由、人情がある、笑い、大都市、食べ物が美味しい。
女性	58	ビル街、芸術文化やファッション、混み あった電車、交通量の多い道路、地下街、政治経済の中心、高級ホテル、大学。	名古屋城、味噌料理、戦国時代、派手。	大阪弁、商魂、芸人、関西弁、食道楽。
女性	28	大都会。人が多すぎて住みにくそう。でも、色々なものがそろっており、楽しむのにも、生活にも便利そう。	まぁまぁ都会で、生活するにはそろっているが、東京と比べて、まだまだないブランドとかがある。都会すぎず、田舎でもなく丁度いい。	大都会だけど、商店街みたいなかんじ。大阪弁や、性格がこわそう。あまり住みたくないところ。
女性	37	日本の中心となっている都市。流行の最先端の町。	独特の文化がある中で、高層ビルも立ち並び東京、大阪の次に来る大きな都市。	気さくな大都市。
女性	38	大都会で地方出身の人は多い。	小さな都市で、住みやすい。地元色が強い。	大都会だけど、庶民が多く人情に溢れている。
男性	26	東京タワー。	味噌カツ。	たこ焼き。
男性	29	満員電車、東京タワー、人ごみ。	エビフライ、ひつまぶし、金の鯱。	たこやき、大阪城。
男性	69	首都。	城。	城。
女性	36	大都会、地方出身者が多い。	独特な文化。見栄を張る。	下町、お笑い、たこやき。
女性	38	大都市。街がたくさんある。オシャレ。	地方都市。大学が名古屋方面だったので懐かしい。	関西弁。お笑い。
男性	69	大都会。	名古屋城。	たこ焼きとお好み焼き。
男性	59	過密都市、空気が汚い、人工的、騒々しい。	道が広い、緑が少ない、排他的。	中途半端、がさつ、自分勝手。
女性	36	都会、人ごみ。	田舎もん、見栄っ張り。	派手、タイガース、暖かい、人情、ホームグラウンド。
女性	33	東京タワー。いろんな人が集まっている土地。出身とかもですが、職業なんかでも。みんながあこがれるようなところ？	派手。独特の雰囲気がある。食べ物もおいしい。	ごみごみしてる。笑いのまち。
女性	29	都会。人が多く何でもある街。物価が高い。日本の中心。	万博を境に元気が出てきた街。食の街。シャチホコ。大阪が嫌い。	笑いと食の街。大阪弁。名古屋が嫌い。橋下府知事。吉本興業。
男性	35	大都会、渋谷、人混み、満員電車。	味噌カツ。	たこ焼き、アメ村、南港。
女性	34	日本の中心。	へんこ。	食の町。
女性	33	大都会何をするにも不自由がない空気が悪い。	地方都市、名古屋コーチン、きしめん。	関西弁マナーが悪い。
男性	42	鉄道が発達している。	そこそこ住みやすい。	関西弁がきつそう。
女性	46	東京タワー。	ミソカツ。	たこ焼き。
女性	39	大都会、人ごみ。	名古屋城、派手、金のしゃちほこ。	たこ焼き、おばちゃん、豹がら。
女性	38	地方出身者の集まり地域。人間性が冷たい。地域密集。	赤味噌、喫茶店モーニング。人間性が温かい。あんかけパスタ。食べ物が多種多様で美味しい。	たこ焼き。関西弁。気質が荒っぽい。下品。
男性	37	日本の中心、首都。	日本の真ん中、名古屋城。	安い、経済、関西弁。
女性	34	都会、流行の最先端。	頑張ってる感じ。都会というより田舎。	明るい街、個性的。

145

女性	64	世界に冠たる面白い街。でもゴミゴミしていて建物がぐちゃぐちゃな建築で統一性が全くなく、其の上古き良き物をどんどん壊して平気な街。	きしめんと味噌カツ。	大阪人、特に中年女性は日本のラテンだと思う。バイタリティーあふれる、ど根性の街。
女性	38	都会。	コーチン。	実家。
男性	34	都会。東京タワー、築地、浅草。	金の鯱、ブサイク多い、赤味噌。	たこ焼き、お好み焼き、うどん、通天閣、吉本。
男性	42	故郷。	エビフライ。	商売。
女性	27	地下鉄が多くてわかりにくい。	濃い味の食べ物。	おもろい。
女性	30	首都。東京タワー。皇居。大都会。	名古屋城。駅前の大きなビル。いろいろな名古屋めし。	道頓堀。たこ焼き。大阪城。関西弁。
女性	37	人の多さ。	中日ドラゴンズ。	お好みやき。
女性	35	東京タワー。お台場。	みそかつ。派手。	グリコの看板。道頓堀。
女性	24	他人に無関心。	見栄っ張り。	がさつで派手好き。
男性	44	日本の中心、トレンドリーダー。	せこい。	おおらか。
女性	38	空気が悪い。喧噪感あり。水もまずい。	せかせかしている。田舎者の集まり。口は悪いが優しい人が多い。	ずうずうしい。イライラしていそう車の運転が荒い。
女性	33	都会。	派手。	下品。
男性	41	首都。	しゃちほこ。	お好み焼き。
男性	30	都会。仕事するには最適だが住むにはきつい。おしゃれな町並みが多い。	東京、大阪の分岐地点。すべてにおいてバランスがとれている。貯蓄家が多い。	こだわりが強い商人の町。
女性	37	大都会。人ごみ。空気が汚い。日本の中心。犯罪が多い。人間関係が希薄。	食べ物が美味しい。方言に特徴がある。お祝い事が派手（見栄っ張り）。	食道楽。商人の街。ケチ。人が面白い。ズケズケとモノを言う。東京をライバル視している人が多い。親しみやすい人柄。
女性	37	違う世界。	都会だけど田舎。	元気なおばちゃん。
女性	38	日本の首都、全国から人間が集まってきている。東京タワー。	結婚式が派手。金のしゃちほこ。味噌込みうどん。	お笑いが盛ん。食べ物がおいしい。大阪城。
男性	36	ごみごみしている感じ、全国からの寄せ集まりの集団。	車の世界一。	商売の町。
女性	37	寂しい街。にぎやかな街。両面性のある街。	見えっぱり。派手。プライドが高そう。	楽しい。陽気。元気。にぎやか。派手。うるさい。
男性	56	雑多な街、現在の東京は江戸っ子には許せない、地方出身者によって、悪くされた都市。	名古屋城、物作りの街。	商人の町、豊臣秀吉が作った町。
男性	59	東京タワー。	名古屋弁。	オバタリアン。
女性	42	日本の中心、ビジネス街、浅草観音。	みそうどん、エビフライ、愛知県自動車工場。	道頓堀、お好み焼き、たこ焼き、宝塚歌劇。
男性	41	そら。	いなか。	おかね。
女陛	41	高層住宅、ビル。	みそ煮込みうどん。	くいだおれ。
男性	38	東京タワー。	味噌カツ。	たこ焼き。
男性	51	大都会都市。	名古屋城、金の鯱、名古屋コーチン、手羽先、味噌なべ。	粉もん、食いだおれ、大阪太郎。
男性	50	都会的、マナーがよい。	田舎、マナーが悪い。	都会だがマナーが悪い、かつ部落差別が横行している。
男性	39	東京タワー。	エビフライ、味噌煮込み、きしめん、あんこ、しゃちほこ。	通天閣、新世界、ミナミ、環状、夏祭り、道頓堀。

性別	年齢			
女性	31	便利な地下鉄。膨大な人工密度。ショッピングや遊ぶ所、グルメが多い。ただしグルメは数が多いだけでいずれも多いといろんな人に聞く。マナーには節度があるけど、不親切で困っている人に無関心な人たちが集まっているようなイメージ。ディズニーランド。浅草。もんじゃ。お台場。東京以外の土地にいくと、「東京人」をやたらアピールする人をしばしば見ます。	名古屋の一部の人間に、徳川家康を未だに引きずっている閉鎖的かつ喘りが強い意識がある。味噌煮込み。とんかつ。ひつまぶし。天むす。名古屋こーちん。手羽先。愛知万博（名古屋じゃないかな？）地方都市の割りに都会のイメージはなく、全部中途半端の発展のような。	大阪城。USJ。粉もん。串かつ。
男性	47	人が多い雪で大パニック下町と都会の人の考えの差が大きい。	食べ物が豊富下町と都会の人の考えが同じすみやすい。	住みにくい人の考えに偏りがある。
女性	41	東京タワー。秋葉原。	名古屋城。栄。自分が住んでるところ。	道頓堀。
女性	31	都会、高層ビル、混んでいる、忙しい。	味噌煮込み、名古屋城、東山動物園。	大阪のおばちゃん、阪神、通天閣、たこ焼き、お好み焼き。
男性	42	日本の中心。	地方都市。大阪との中間都市。	西の中心。
男性	31	東京タワー。新宿歌舞伎町。	味噌煮込みうどん、味噌カツ、名古屋巻き。	たこ焼き、お好み焼き、通天閣、かに道楽、づぼらや、引っ掛け橋。
男性	39	都会、ファッション、最先端、ブランド、人ごみ。	味噌、見栄っ張り。	お笑い、下品、マナーが悪い、ケチ、派手、たこ焼き。
女性	41	首都、オリンピック招聘、国際都市。	中部。	関西、個性的、お笑い。
男性	53	成り上がりの街。	大いなる田舎。	銭万能。
男性	29	関東地方。	名古屋城。	梅田。
女性	44	高層ビル街と東京タワー。山手線。羽田空港。	シャチホコ、きしめん、八丁みそ。金のかかる花嫁道具。新幹線。	道頓堀、たこ焼き、関西弁、凶悪犯罪。蒸し暑い夏。吉本興業。食い倒れ太郎。阪神タイガース。
男性	24	高い。	東京と大阪の中間。	うるさい。
女性	38	都会、日本の首都、ビジネス。	東京大阪に次ぐ都市独特の感性を持っている食べ物が美味しい。	経済観念がしっかりしている、食べ物が美味しい、たくましい。
女性	27	東京タワー、日本の首都、最先端、にぎやか。	シャチホコ、天むす、味噌煮込みうどん、栄、手羽先、愛知万博、ういろう、美味しいものがいっぱいある。	なにわ、通天閣、お好み焼き、たこ焼き、関西人、道頓堀、阪神タイガース。
女性	39	東京タワー。	味噌煮込みうどん。	通天閣。
男性	59	官公庁のエリート集団の集まりで冷たい感じがする。	金に細かくせこい感じ。	ちょっとアホやけれどパワーを感じる。
男性	26	人ごみ。	トヨタ。	関西弁。
女性	46	ビル、人、車、先進、中心。	豪華、みえっぱり、強引、運転荒い。	なにわ、人情、芸人、たこ焼き、関西弁。
男性	43	都会、人が多い。	派手、都会になりきれない。	せわしい、お上が嫌い、値切る。
女性	23	渋谷109、海外ブランドの国内初出店地。	鯱、道路広い、食べ物が個性的過ぎる。	取り合えず何でも騒いでおけ、道汚い、比較的ご飯美味しい。
女性	45	首都、都会。	地元。	お笑い。
男性	37	都会。	田舎。	べた。
女性	32	都会。人ごみ。永田町。東京タワー。	地元密着型の人が多い。喫茶店。地下街。グルメ好き。ブランド好き。	橋下知事。たこ焼き。お好み焼き。人情的な街。お笑い。
男性	29	新宿、渋谷、東京タワー、ひよこ、東京、都会、雑踏、東京ディズニーランド、山手線。	コメダ、喫茶店、味噌煮込みうどん、味噌、ひつまぶし、変な食文化、名古屋嬢、名古屋城、手羽先。	お好み焼き、たこ焼き、いか焼き、食いだおれ、大阪城、新大阪、蓬莱の豚まん。
女性	29	ごみごみしてる。高層ビル。最先端。	思ったよりビルが多かった。食べ物がおいしい。	落ち着く。おばちゃん。

男性	35	首都。なんでもある。空気が汚い。人が多い。特に、昼間っから、サラリーマンも中高生もなぜ町にいる？と思う。物価が高い。	名古屋弁。みそかつ。きしめん。エビフライ。トヨタ。信長。秀吉。家康。	関西弁。おばちゃん。通天閣。キタ・ミナミ。アメ村。広告がどぎつい。あんまりきれいじゃない。阪神タイガース。梅田。
男性	33	都会。	名古屋飯。	笑い。
男性	25	首都、中心東京タワー、国会議事堂など政治の中心部。	みそかつ、しゃちほこ、トヨタ、住みやすい。	たこ焼き、道頓堀、関西、タイガース。
男性	31	人が多い。便利そうと思いきや不便。くさい。	ほどよい人のおおさ。トヨタ。	たこやき。通天閣。道頓堀。
男性	50	大都会、人口過密、日本の中心、築地、国会議事堂、高層ビル、丸ビル。	きしめん、金の鯱、豊田、名古屋弁。	食い倒れ、道頓堀、大阪城、たこ焼き、大阪のおばちゃん。
女性	56	大都市。高層ビル。日本中だけでなく世界の国々から人々が集まってくる。ニューヨークについで活気のある都市。ただ東洋の国の特徴の、物がごたごたしていてヨーロッパのように色彩や外観に統一感がなく汚い。日本人の勤勉さの性格から、その結果としての文化が世界各国の料理の味さえもその国を凌駕している。	味噌カツ。きしめん。言葉が下品。結婚式のお祝いが3倍返し等風習がいつまでも古い。東海地震等の大地震の可能性が高い。	食道楽。出身芸人が多いし、一般人は東京に出てきても標準語に変えることはほとんど無い。性格に表裏がない。高層ビルや高級ホテルなど、思ったより立派な建物が多く、高級商品を購入する人々が、トップの方は東京の比ではない。
女性	25	人ごみ、空気が悪い、お店がたくさんある、日本の中心、東京/Mr.Children。	しゃちほこ、ひつまぶし、みそにこみうどん。	道頓堀、たこやき、大阪弁、騒々しい、長居陸上競技場。
女性	35	東京タワー、ハトバス、浅草人が多い、お店が多い、芸能人が多い。	名古屋弁、味噌料理、天むす。	粉もん、関西弁、道頓堀、大阪のおばちゃん、やかましい、よしもと、大阪城。
男性	38	都会家賃が高い。	地元。	漫才、お笑い、たこ焼き、阪神タイガース。
男性	69	日本の首都。人が多い。お金さえ出せば何でも食べられる。	今は景気がいい。東京と大阪に挟まれて冊屈なところがある。偉大な田舎。	独特の庶民文化がある。食べ物が安い。
男性	35	物価が高い。	ななちゃん。	東京に対して対抗意識を持ってる。
男性	26	物価が高い。	みそ。	治安が悪い。
男性	60	日本の首都。さまざまな地方出身者の人が集まっている。日本一の大都会。	東京と大阪の中間都市（距離的・文化的に）。名古屋城、ソースカツどん、きしめん。	日本で2番目に大きい都市？。庶民的な町。不景気がより感じる都市。
男性	61	憧れるところ。	トヨタ。	がめつい。
男性	56	大都会、政治・経済の中心。	東京と大阪の間の都会。	関西弁、夏が暑い。
女性	35	首都。大都会。地元。忙しい。	みそかつ。	お好み焼き。
男性	36	ビルが粉じんで黒ずんでいる様子。人が多いこと。	都市部の広さが印象的です。	他地域に比べて、都市部が小さい。
男性	41	メディアの中心地。大都市。人が多い。地方人の集まり。住みにくい。物価が高い。	どこにも類を見ない独自の文化。みそ煮込みえびフライ、あわゆきういろ、ユニモール、サカエチカ、女子大広路、カキツバタ、つゆぐもり、パチンコ、駄菓子、ドラゴンズ、テレビ塔、銀の柱、あと、道路広すぎ。	タイガース、たこやき、お好み焼き、おばちゃん、動物柄の服、商売人、人がいい、人なつっこい、おせっかい、いらち（せっかち）、金にうるさい。
男性	55	世界中のすべてのものを見つけることができる世界唯一の大都市。例としては、世界中の料理が食べられる。	独特のセンスを持つ地方都市の雄。ライバルは広島かも？	地方文化最大の大都市。大阪は東京をライバル視しているが、東京は無関心。
男性	41	物価が高い。	派手好き。	ケチ。
女性	33	日本の中心地。	手羽先、味噌煮込みうどん、味噌カツ、ういろう。	たこ焼き、関西弁、お好み焼き。
男性	54	華の東京。世界に名高い大都です。		日本じゃない雰囲気のある町。
男性	46	大都市、日本の中心、TDR、華やか。	工業、ものづくり、味噌、鯱、戦国武将。	お笑い、吉本、阪神タイガース、たこ焼き、食い倒れ、豊臣秀吉、陽気。

148

資　料

男性	54	都会。	田舎。	関西。
女性	48	中心。	みそカツ、味噌込みうどん、トヨタ。	食い倒れ、おもしろい、おいしい、ごちゃごちゃ、にぎやか。おばちゃん。
女性	47	都会。	楽しく住める。	遊びに行きたい。
男性	33	便利。	不況。	犯罪。
女性	51	日本の政治・経済の中心、高層ビル群、人口密度が高い。	自動車関連の工場、飛行機、ロケット。	商業の街。
女性	26	流行の最先端で人が多い都会。	みそかつ。	うるさいくらいににぎやかな街。
男性	43	六本木ヒルズ、冷たい、永田町。	みゃーみゃー、手羽先、味噌込みうどん。	なつかしさ、生まれ育ったところ、雑多。
男性	58	首都。大都会。	味噌カツ。	大阪弁。
女性	39	便利である。	みそ、醤油、独特。	ずうずうしい。
男性	33	首都。都会。都心。東京タワー。皇居。ゴミゴミしている。坂が多い。銀座、赤坂、六本木。	エビフライ。きしめん。味噌込み。八丁みそ。ドラゴンズ。名古屋章。尾張名古屋は城でもつ。東西どっちつかず。	お笑い。漫才。吉本。自治体の赤字。大阪城。通天閣。お好み焼き。たこ焼き。いか焼き。串揚げ。タイガース。東京に対する対抗心。
女性	23	東京タワー。東京駅。新宿、渋谷、浅草など名所。東京バナナ。	うなぎ。	たこ焼き。グリコの看板。かに道楽。大阪ドーム（京セラドーム）。橋下知事。御堂筋。関西弁。アメリカ村。
男性	54	大都会。	自動車産業。	たこ焼き。
女性	42	騒音。	はではで。味噌	ずうずうしい。
男性	38	都会、田舎者が多い。	ド田舎。味噌。	カオス。
女性	41	人の混雑と車の渋滞欲しいものが何でも揃う。	味が濃く、派手。	どんどん衰退していく。
男性	33	首都。	飯がうまい。	たこやき。
男性	21	都会。政治・メディア・流行など世の中すべての中枢。山手線。	ドラゴンズ。味噌カツ、味噌込み、手羽先などの食べ物、名古屋飯。でか盛り。	阪神タイガース。たこ焼き。くいだおれ人形。通天閣。
女性	58	都会、よそよそしい、クール、近所付き合いがない。	派手、外面がよい、見栄をはる。	騒々しい、プライバシーがない、明るい。
女性	27	東京タワー、高層ビル、あふれる人、おしゃれなカフェ。	ウイロー、しゃちほこ、豪華な結婚式。	たこ焼き、通天閣、関西弁、にぎやか、ヒョウ柄、おばちゃん、派手。
男性	27	混雑、商業都市、浅草、祭り、六本木、新宿、繁華街。	天むす、きしめん、味が濃い、派手好き。	お好み焼き、商売上手、西側、道頓堀、梅田、堺、ユニバーサルスタジオジャパン。
男性	43	政治・経済・情報の中心一極集中。	輸出産業のメッカ、工業・製造業の一大地域。	思い浮かばない。
男性	30	東京タワー、大都会。	名古屋城。	たこやき。
男性	37	高層ビル、発達した交通網、高い人口密度、アジア経済の最大拠点。	トヨタ自動車、名古屋城、エビフライ、きしめん。	橋下知事、関西弁、道頓堀、心斎橋、強烈なおばちゃん。
男性	45	人が多い。	中途半端。	ガラが悪い。
女性	28	東京タワー、新幹線、丸の内。	名古屋コーチン、あんかけスパゲッティ、食べ物がおもしろい。	たこやき、お好み焼き、お笑い、うるさい、車のマナーが悪い。
男性	50	出張で訪れる先、おいしいお店がたくさんある街、物価が高い。	少し田舎であるが住みやすい、夜は早くに交通機関が終わってしまう。	元気な街、のりがいい人が多い街。
男性	30	東京タワー。	名古屋港。	道頓堀。
女性	41	日本の首都。都会。	鯱鉾。海老フライ。みそかつ。	浸才。たこやき。お好み焼き。
女性	51	首都、東京タワー、明治神宮、六本木ヒルズ、代官山、多摩川、渋谷、新宿、代々木第2体育館。	地元、名古屋城、100M道路、中日ドラゴンズ、グランパス、味噌込み、天むす、手羽先。	大阪弁、お笑い（吉本興業、難波花月）お好み焼き、橋下知事、造幣局の桜。
男性	33	人が多い。	海老フライと言葉使い。	汚い。

149

性別	年齢			
女性	30	新宿, 渋谷あたりの人ごみ。満員電車。たくさんのお店や娯楽施設。東京タワー。	天むす。みそかつ。しゃちほこ。ドラゴンズ。	たこやき。吉本。阪神。
女性	47	生活圏。	味噌煮込みうどん。	たこやき。
女性	23	首都, 人が多くごみごみしている, 日本の10分の一の人口が住む場所, 政治経済の主要機関が揃っている, 東京出身の住民のふるさとへの思いが弱い, 東京タワー。	味噌カツ, 豊田, 三大都市。	関西の中心地, 道頓堀, 人が強い, 人情が厚い, 阪神タイガース, お好み焼き, 関西弁。
男性	50	混雑, 物価が高い。	中途半端。	大阪弁。
男性	44	大都市, 政治経済の中心地。	みそカツ, えびフライ。	たこ焼き, お好み焼き, お笑い。
女性	40	人が多い。人情が薄そう。ショッピングポイントが多そう。	大きすぎない都会で住み心地がよい。自動車が多い。	人情が厚いが, 激情に走りやすそう。遊び場所が沢山ありそう。
男性	60	人が多い。	小さい都会。	人が多すぎ。
男性	51	人混み。	B級グルメ。	お笑い。
女性	26	人が多い, 都会, 東京タワー, 人ごみ, 渋谷, 新宿, 六本木, お台場。	名古屋城。きしめん, ひつまぶし, 天むす, カレーうどん, モーニング。	大阪人, 関西弁, おばちゃん, ナンバ橋。
女性	42	日本の首都。都会。自動車が多い。交通機関が豊富。家賃が高い。何か目標がある人集まる場所。	喫茶店が多い。ブランド好きな人が多い。中途半端。意外とお金にシビア。きしめんがおいしい。味噌系が好き。	ハキハキしている。忙しい感じ。ミーハー。運転が荒そう。元気で面白い人が多そう。食べ物が美味しい。レジで小銭をきっちり出す。
女性	29	大都会。日本の中心。人ごみ。	名古屋城。手羽先。ういろう。	くいだおれ。お笑い。
女性	23	東京タワー, 都庁などの高い建物が多くある所。	名古屋城。	通天閣。
男性	34	人が多い, 空気が悪い, 水がまずい, 華やかな店が多い, 物価が高い, 大企業がある。	活気がある。景気がいい。名物の食べ物が多い, ドラゴンズ。	品がない, あまりきれいではない, 人情がある, タイガース, お笑い好きが多い, 芸人気取りの一般人も多い。
女性	29	排気ガス犯罪人ごみ満員電車。	見栄っ張り, エビフライ, 赤みそ。	商売人, 阪神タイガース, たこやき, お好み焼き。
女性	45	首都, 都会, 人込み, 便利, ふるさと, 生活の場所。	トヨタ, しゃちほこ, 徳川美術館, ういろう, なごやん, えびせん, 味噌煮込みうどん, ドラゴンズ, フィギュアスケート選手の出身地。	お好み焼き, 派手, 大阪弁, 阪神タイガース。
女性	44	24時間稼働している大都市。	個性的。	明るい。
男性	38	人口多い, 物価高い, 高級グルメ, 高級マンション, 空気悪い, 皇居。	幅100m道路, ミソ文化, 手羽先, 見栄っ張りで外面を着飾る, 名古屋城。	ゴミゴミしている。無計画道路で道がわかりにくい。コナモン文化。庶民は中身重視で外面気にしない。行政は外面ばっかで中身のないハコモノをよくつくる。大阪城。
男性	20	東京タワー。	しゃちほこ。	通天閣, 大阪城。
女性	39	大都会, 人が多い。核となる街が多い。	小さい都会。こぢんまりしているので生活しやすい。地元志向がつよい。	第二の都市。下町グルメがたくさんありそう。
女性	25	ビル, 都会。	独自の文化。	コテコテ, 元気, はっきりしている。
男性	50	皇居, 東京タワー雑踏, ビル群地下鉄網, 山手線。	名古屋弁, 100m道路。	商人, たこ焼き, 関西弁。
女性	32	東京タワー, 浅草, 東京ディズニーランド。	ひつまぶし, 名古屋城, みそかつ。	くいだおれ, お笑い。
男性	52	田舎物の集まり。	トヨタの業績に左右される所。	ガチガチの街。
男性	25	自己中。	ドラゴンズ。	おそろしい。
女性	38	人が多くてビルが多い。空気が汚い。都会。	地元。みそかつ。田舎臭い。	吉本。お笑い。たこ焼き。えげつない。
女性	34	東京タワー, 日本の中心都市。	海老フライ, ミソカツ。	たこ焼き, 関西弁。

資　料

男性	53	首都、大動脈。	きしめん。	お好み焼き、上方。
女性	28	都会。	食べ物の味が濃い。	ゆっくりしている。
女性	35	なんでも中心になっている。人が多くて忙しそう。電車が混んでいる。	名物が多い。食べ物がおいしそう。服装などが派手。	食べ物がおいしい。親しみやすい。声が大きい。
男性	52	人ごみ。	海老フライ。	けち。
女性	28	首都。都会。	名古屋コーチン、味噌カツ、エビフライ。	地元、たこ焼き、お好み焼き、食いだおれ、吉本。
男性	51	芸能人が沢山いる。	下品。	面白い。
男性	45	日本の首都。大都会。混雑。渋滞。	金の鯱鉾。きしめん。ういろう。海老フライ。味噌煮込みうどん。中途半端。	食い倒れ。ケチ。関西弁。吉本興業。
男性	56	東京タワー、皇居、銀座、山の手線、ディズニーランド。	名古屋城、東山動物園、地下街。	大阪城、道頓堀。
男性	51	大都会、田舎者の集まり、下町、人情、粋。	鯱、きしめん、ひつまぶし、織田信長。	食道楽、泥臭い、人情、気安さ、おばちゃん。
女性	45	東京タワー、六本木、丸の内、霞ケ関。	しゃちほこ。	やくざ。
女性	26	六本木ヒルズなどのタワー型商業施設。	料理の味付けが濃い。	よくしゃべる。
男性	29	駅。	名城、名駅、味噌煮込み、ひつまぶし、味噌カツ、オアシス21、名古屋はええとこやっとかめ。	御堂筋、アメ村、海遊館、お好み焼き、大阪城、USJ。
男性	23	都会。人口が集中していてゴミゴミしている。	基本的に地味、質実剛健。	安物買いの銭失い。うるさい。
男性	55	日本の首都。	名古屋城。	大阪城。食い倒れ。
男性	27	東京タワー。	金のシャチホコ。	食い倒れ人形。
女性	55	楽しい、刺激的な都会。娘と息子が大学時代から住んでおり、いつか行きたい所。いつか、住む事になるかも。	実家も近く、通算22年住み落ち着く所。	転動で7年半住み、友人も多く食べ物も美味しい、行くのが楽しみな所。
女性	35	高層ビル。	味噌カツ。	お好み焼き。
女性	49	大きい、自由な、憧れ、洗練された、日々進歩。	けち臭い。	中途半端な都会、庶民的、故郷。
男性	21	東京タワー。	てんむす、味噌かつ。	お笑い、たこ焼き、お好み焼き。
男性	44	首都。	トヨタ自動車。	道頓堀。
女性	44	首都、人ごみ、他人に無関心、何故か忙しく心にゆとりを感じない。	鯱鉾、味噌煮込みうどん、海老フライ、ウイロウ、天むす、嫁入り。	通天閣、食い倒れ、ノリのいい人。
女性	32	東京タワーのまわりに首都高速が走っている。	食べ物に何でも味噌をかけて食べる。	粉もん天国。
女性	25	首都、（都内生まれ、在住の為）地元東京、駅、浅草、新宿、池袋、上野、秋葉原、渋谷、品川、錦糸町、吉祥寺、アメ横、築地市場…人形焼き、柳川鍋、鰻の蒲焼、深川めし、東ばな奈、舟和の芋ようかん、雷おこし、浅草煎餅、満願堂の芋きん、空飛ぶでカドラ、もんじゃ焼、江戸前。	名古屋城、手羽先、名古屋コーチン、味噌グルメ、モーニング、織田信長、豊臣秀吉、天むす、ひつまぶし。	お好み焼き、たこ焼き、イカ焼き、ネギ焼き、大阪城、お笑い、値切り、USJ。
女性	40	都市。自分にとって仕事をする場所。住む場所。右翼の知事が選出された場所。いちおう故郷。	ういろ。名古屋城。自動車産業。	なにわ。おばちゃん。橋下知事。
男性	50	生まれ故郷。しかし、今や周りは見知らぬ田舎者の町。	転勤先、溶け込みにくいが一度入り込むと情け深い、行きと帰りで2度泣いた。女性と老人が強い。八丁味噌。	食い倒れ、飲食は安くて旨い。せかせかしていお笑いの通じる町。
女性	34	東京タワー、首都。	名古屋城。	食いだおれ。
女性	32	人口が密集。しかし人と人の関係が希薄。	車が多く、運転マナーが悪い。環境問題に前向き。	騒がしい。商魂たくましい。せっかち。

151

女性	40	日本の首都。	独創的な人が住む街。	商都。
男性	49	大都会。	味噌煮込み。	たこ焼き。
女性	36	都会。スマート。	しゃちほこ、くどい、方言。	派手、おもしろい。
女性	32	東京タワー、上野動物園、お台場、石原都知事。	味噌煮込みうどん、手羽先、ひつまぶし、名古屋城。	たこ焼き、お好み焼き、大阪城、ユニバーサル、スタジオ、橋下知事。
女性	47	東京タワー。	名古屋城。	大阪ドーム。
女性	32	都会、都庁、国会議事堂、皇居。	名古屋城、愛地球博、みそかつ。	食い倒れ、道頓堀、太陽の塔。
男性	30	大都市。	親切。	きらい。
男性	39	東京タワー。	金のしゃちほこ。	たこやき。
男性	40	首都、大都市。	地方都市、名古屋飯。	関西圏の中心、食い倒れ、大阪弁。
男性	29	東京ドーム。	名古屋コーチン。	お好み焼。
男性	48	大都会。	せこい…金に汚い。	うまい、やすい、親しみやすい。
男性	56	大都会。江戸っ子。下町と山の手。	結婚式の派手さ。新婚家具をトラックに積んで走る風景。	派手なオバチャン。アメちゃん。
男性	46	大都会。	都会。食べ物が美味しい、観光で見るものが少ない、市は責任を住民にマワシガチで、やる事が遅い。	ごちゃごちゃしている、おばちゃんが面白い。
男性	36	自由が無い。	なし。	うるさい。
女性	41	経済・政治・文化の中心地。東京にしかないお店とかに憧れはあるものの、なんとなくそれを認めたくない気持ちが漠然とある。東京弁が嫌い。大阪弁と正反対で気持ちがこもっていない印象を受け、友達どおしが話してても到底友達に思えないような雰囲気。	特異な食文化や慣習のある地域というイメージ。セントレアが出来て経済が盛り上がりを見せていたが、最近落ち込み気味なような。何にでもみそという食は嫌だが、ひつまぶしは食べてみたい。	地元。都会だが人情味のあふれる、親しみ易い街。安くておいしいものが沢山。大阪人は常に大阪弁でいるべきだと思っているのでどこでも大阪弁かも。それだけに違う地方の人からは閉鎖的に感じる場合もあるように思う。
男性	33	都会、首都、東京タワー。	自動車、味噌カツ、ドラゴンズ。	たこ焼き、お笑い、タイガース。
女性	39	大都会、美味しい飲食店が日本一集まっている、泊まりたい一流ホテルが一杯、ショッピング、都庁、皇居。	味噌煮こみ、名古屋城、モーニング、トヨタ商人（ドケチ）。	おばちゃん、粉モン、大阪城、関西弁、ミナミの帝王、お笑い（ナンバ花月）。
男性	37	人が多い。	なし。	吉本。
女性	38	都会でも怖いところ。	馴染むのに時間がかかりそう…。	何にでも干渉してくる美味しい食べ物が沢山ある。
男性	43	娯楽の宝庫。	トヨタ。	道頓堀。
男性	31	人ごみ、首都、電車の乗り換えが世界一複雑、田舎者の集まりが住んでいる。	中途半端に田舎だがそれが心地よく住み易い都市、地元、金の鯱、名古屋城、セントレア。	おばちゃん、オレオレ詐欺とは無関係、漫才、商人、たこ焼き。
女性	20	東京タワー。	みそ。	関西弁。
女性	23	東京タワー。	名古屋コーチン。	くいだおれ。
女性	50	中心地、人口が多い、空気が汚れてる、ゴミが多い、地震、東京タワー、ブランド。	名古屋城、手羽先、嫁入り道具が大変、きしめん、しゃちほこ、派手好き、ひつまぶし。	たこやき、おこのみやき、けち、値切り、おばちゃんパワー、大阪弁、派手好き、アニマル柄大阪城、USJ。
男性	35	人ごみ。混雑。物価が高い。空気が悪い。	食べ物。真ん中。目立ったもののない。	粉モノ。話し方がキツイ。
男性	54	世界に類を見ない巨大都市。	これと言ってイメージが湧かない。	東南アジア。
女性	31	お台場、都会、都庁、東京タワー、芸能人、渋谷、秋葉原。	みそカツ、ういろう、エビフライ、中日、名古屋弁。	大阪城、たこ焼きお好み焼き、USJ、関西弁。
男性	43	首都、国会、政治、経済、文化の発信地。霞が関、オフィス、下町。	3英傑、元気、博覧会、地下鉄、金シャチ、名古屋弁、味噌。	関西弁、吉本、喰い倒れ、値切り。
女性	50	都会。	田舎。	商人。
女性	62	大都会。	田舎の都会。	商売人。

資 料

男性	32	日本の首都。多府県から来た人も多く特徴という特徴は無い。	せこい。見栄っ張り。味噌カツ。モーニング。手羽先。	お金にシビア。おしゃべりが好き。せっかち。ノリがいい。たこ焼き。お好み焼き。道頓堀。阪神ファン。
女性	40	東京タワー。	みそかつ。	通天閣。
男性	44	大都会で人口が多くいろいろな可能性を秘めた町。しかし、貧富の差も激しく多くな人々のいる不夜城。政治経済の中心地。	結構、マイナーだけれどいろいろ面白いものがある街。味噌煮込み。手羽先。	キラキラものが多い。たこ焼きを代表にするような粉ものの食べ物。阪神タイガース。
男性	31	日本の首都で、たくさんのビルや人がいる一番の都会。人間が冷たいような感じがする。	戦国武将の織田信長、羽柴秀吉、徳川家康、前田利家らが生まれた場所で、トヨタ自動車といったものづくりの中心。人間はけちな人が多いような気がする。	吉本興業や松竹芸能といった、お笑い芸人が多くいる都市で、商人が多くいそう。
女性	26	都会、高層ビル、芸能人。	名古屋嬢、エビフライ、味噌カツ。	たこ焼き、吉本新喜劇、お好み焼き、大阪弁、お笑い。
男性	50	都会、人混みが浮かびます。	保守的な地方都市という感じです。トヨタ自動車も思い浮かびます。	道徳、風習や生活感など独自の価値観を持つ地域の印象が強いです。関西弁やガラの悪い言葉のイメージが強い。
男性	40	首都、東京タワー。	味噌カツ、名古屋城。	お笑い、たこやき。
女性	40	首都、高層ビル、皇居、人が多い。	名古屋城、きしめん、ひつまぶし、みそかつ、トヨタ自動車、広い道路。	大阪城、水の都、USJ、たこ焼き、お好み焼き、吉本興業。
女性	56	みんなが思っているのと反して、緑が多い人間がやさしい。	Aがたのひとが多いマナーがわるい時間にとらわれない。	本音で暮らしてる。おもしろい。
男性	57	日本の中心。	自己中心的な地域。	嫌い。
女性	37	都会。時間が早く流れる。人が多い。エグゼクティブが住んでいる。	地元。地元愛、中日ドラゴンズ、ドアラ、名古屋めし。	大阪弁、よしもと、海遊館、USJ、値切る、美味しい食べ物。
男性	45	増殖。密集。経済の中心。	保守的。都会の形態をした田舎。	庶民的。食文化。人情。
女性	33	都会、ものが溢れている感じ。	うどんが美味しい。	お笑い、たこ焼き、面白そう。
女性	32	物価が高い。	ちょっと前まで景気がよかった。	ノリがいい。
男性	27	都庁。	つぼいのりむ。	SPFソフト：初代熱血硬派くにおくん。
男性	60	ゴチャゴチャした町。	東京からすると田舎。	やかましい町。
女性	31	東京タワー。	金のしゃちほこ。	たこ焼き。
男性	36	日本の中心。	特になし。	昔の栄光。
男性	39	冷たい。	ケチ。	がさつ。
女性	25	東京タワー、六本木ヒルズ。	名古屋嬢、味噌かつ、味噌煮込みうどん、ひつまぶし。	お好み焼き、たこ焼き、道頓堀、食い倒れ人形。
女性	25	大好き。	お金。	商売。
男性	67	首都、日本の中心、皇居、過密都市。	田舎。堅実。	食い道楽。商売の町。
女性	45	お台場。新宿のビル街。人ごみ。	喫茶店。中日ドラゴンズ。加藤晴彦。味噌煮込み。天むす。	吉本。たこ焼き。グリコの看板。千日前。
男性	53	住んでる都市。	新幹線ホームのきしめん。	たこ焼き。
女性	27	人が多くて混雑している。華やか。	グルメの街。おしゃれ。	賑やかな町。うるさいイメージ。
男性	48	人が多い。	大いなる田舎。	笑い。
女性	42	都会。	しゃちほこ。	食いだおれ。
男性	39	オリンピック。	みそかつ。	たこ焼き。
女性	38	都会的。	味噌煮込み、みそかつ、ドラゴンズ。	阪神、関ジャニ∞。
男性	46	人が多い。雑然としている。	道が広い。地下街が複雑。	解かりにくい。
男性	40	故郷。	エビフライ。	食い倒れ。
女性	37	都会。	トヨタ。	吉本、くいだおれ、おもしろい。
女陸	37	東京タワー。	味噌煮込みうどん。	たこ焼き、関西弁。

153

女性	37	高層ビル，大企業，ビジネスマン，都市，人ごみ，満員電車，交通渋滞，ネオン，音楽，ファッション。	手羽先，エビフライ，ギラギラ。	黒服，大衆食堂，ヤクザ，水商売，おばちゃん，くいだおれ，ケチ，趣味の悪い派手な服。
女性	31	都会。ライブや観劇をしやすい土地。	夏休みの旅行先。祖父母が居住していたため，暑くて車線が多い。	お好み焼き。怖い場所。(防犯上。道端の貼紙がひったくり多発につき注意だった)商売意欲旺盛な場所。(電車の放送で次の停車駅の近所のお店や病院のCMがあった)
女性	50	首都，大都会，コンクリートジャングル。	金のしゃちほこみそかつ新しくできた空港。	通天閣，道頓堀，大阪弁，淀川。
女性	23	ディズニーランド，ジブリ美術館，都会，人がいっぱい。	地元楽しい。	たこ焼き，串カツ，食べ物がおいしい，ユニバーサルスタジオ。
男性	28	濃い味付け。柄の悪い老人男性。吊り目パーマ。粉化粧の中高年女性。冷淡な人間。東京球場。東京ヤクルトスワローズ，神宮球場，大東京。首都大学東京。東京大学。立川談志。東京＠桑田圭佑。東京タワー。フランク永井＆松尾和子＠東京ナイトクラブ。FC東京。	ヒョウ柄。アイバー。名古屋巻き。味噌，櫃塗し。手羽先。きし麺。名古屋球場。ナゴヤドーム。燃えよドラゴンズ。ドアラ。シャオロン。名古屋グランパスエイト。名古屋大学。にゃーも。だぎゃー。つぼイノリオ。シーモネーター。ゆきねえ。なごやん。	食い倒れ。短気な中年男性。暴力団。パンチパーマ。大阪球場。大阪（オリ鉄）バファローズ。南海ホークス。BORO。上田正樹。通天閣。阪神デパート。阪急電車。藤井寺球場。ガンバ大阪。セレッソ大阪。やしきたかじん。上沼恵美子。サンテレビ。FM802。大阪大学。ひったくり。人権問題。
男性	48	大都会。人。首都。経済および文化の中心。本社。秋葉原。	トヨタ。名古屋弁。ういろう。きしめん。	商人。関西弁。お好み焼き。たこ焼き。難波。
男性	34	東京ドーム。	ナゴヤドーム。	京セラドーム大阪。
男性	46	首都，新宿，お台場。	名古屋城。	たこやき。
男性	36	都会。	大都市の田舎。	やばん。
男性	33	都会。	中日，トヨタ。	阪神。
男性	42	都会。	味噌カツ。	タコヤキ。
女性	31	雑。ごみごみしている。移動が地下鉄。	小さくて歩きやすい。下町。	電車の乗換えが難しい。活気がある。
女性	39	石原都知事，公共交通機関が発達しており運賃が安いが通勤は殺人的。	都会の割には保守的な土地柄で持ち家率，車所有率が高い。名古屋城。	よしもと，お笑いが生活にしみこんでいる。橋下知事。たこやき。
男性	37	東京タワー。	ひつまぶし。	たこやき。
女性	47	大都会雑踏。	大いなる田舎。	下町の大都会。
女性	29	東京タワー，下町，ビル。	みそかつ，シャチホコ。	たこやき，大阪弁。
男性	43	仕事量が多い。遊ぶ所が多い。	閉鎖的。	おもしろい人が多い。
男性	41	都会人混み，渋滞。	名古屋城，モーニング，豊田。	たこ焼き，お好み焼き，人情，お笑い。
女性	28	国会議事堂。	テレビ塔。	大阪城。
男性	54	アンバランス。	明るい。	バイタリティー。
男性	44	首都，一極集中，人口密集，情報発信基地。	大いなる田舎，近年の急激な成長，自動車主体の産業，B級グルメ。	道頓堀，水の都，大阪城，財政赤字，故郷，日本一まずい水。
男性	44	人が多い，ごちゃごちゃしている，乗り物がややこしそう，空気が悪そう。	手羽先，ひつまぶし。	たこやき，お好み焼き，粉モノ。
女性	37	新しいものが集まっている。すべてが最先端。	親しみやすい。	食べ物がおいしい。
女性	43	斬新な都会的な危険な感じ。	田舎くさい保守的なみえを張る感じ。	うるさい積極的な食べ物がおいしい感じ。
男性	45	出身地。	ういろう。	たこやき。
女性	42	住んでいる街。	地方都市。	関西。
女性	27	日本の首都であり大都会。スタイリッシュで華やか。高くておいしい店はあるが，安くておいしい店はない。値段と味が比例する。	田舎からの成り上がり。成金。独特の味つけ。好みの問題。	人情味ある下町。高くてまずい店もあれば，安くておいしい店もある。自分の目利きしだい。

資　料

男性	31	東京タワー、六本木、歌舞伎町、新宿、国会議事堂、靖国神社、渋谷、原宿。	名古屋城きしめん、みそかつ、スガキヤ、ひつまぶし、手羽先。	たこやき、道頓堀、よしもと、お好み焼き。
女性	32	交通の便がいい（交通網の発達）流行の発信地。人気の飲食店が集まっている。便利な事が多い（交通・飲食店の多さ・日用品や服飾店の多さ・雇用機会の多さ）ため、結局は一番人が多く集まる地域。	こだわり・誇りを持つ人が多い（名古屋に住んでいること・ファッション（名古屋巻き・ブランド）印象。オリジナル料理がある（みそカツ・味噌込みなど）	元気、パワーがある。おいしいものがたくさんある。
男性	32	都会。	金のしゃちほこ。	関西弁。
女性	22	日本の代表、東京タワー、東京ドーム、流行の最先端。	名古屋城、エビフライ。	大阪城、通天閣、くいだおれ、吉本。
男性	43	とかい。	なし。	なし。
男性	27	地元。	生活圏。	うるさい、賑やか。
男性	36	歌舞伎座。	名古屋城。	通天閣。
女性	60	大都会。センス溢れる都市。文化都市。	近年大きくなった都市。どちらかというと地味な都市。	食いだおれと、言われるごとく食べものが豊富でおいしい。ごちゃごちゃしていて、緑がすくないので、美観が劣っている。
女性	37	日本の首都。人が集まるところ。	地元。独自の県民性。	橋下知事。やや斜陽なところ。
女性	34	政治、流行等、あらゆるものの中心。発信地。人が多くて空が狭く、刺激的である。食事が金額の割りに美味しくない。通勤時間が長い。家賃が高い。	東京に張り合わないで独自文化を確立している。そこそこ流行を感じられてお得に美味しい食事ができ、住みやすい。	人柄が明るく、体にしみこんだお笑いのセンスを全員が持ち合わせている。食事が美味しい。仕事が少ない。
女性	39	人が多い、娯楽や楽しみに不自由しない。	産業と車のまち、道が広い。	商人のまち、ごみごみしている、おばちゃんがずうずうしい遠慮がない。
男性	39	詐欺。	嘘つき。	べた。
男性	37	水がまずい町。	エビフライ。	大阪弁。
女性	35	人が多い。迷子になりそう。	みそかつ、名古屋巻き、スケーター、結婚式が派手。	濃い、大阪弁、路駐。
女性	36	首都。	食べ物。	おいしいもの。
女性	28	東京タワー、お台場、都市、ディズニーリゾート。	名古屋城、ひつまぶし。	通天閣、ＵＳＪ、たこやき、道頓堀、吉本新喜劇。
男性	31	都会、冷たい。	閉鎖的、自動車、濃い味付け。	人情味あふれた町、ノリが良い、食べ物がおいしい。
男性	42	首都。	名古屋巻き。派手。金の鯱鉾。	商人の町。
男性	41	自己中心的な都市。	地方都市。	文化度の低いまち。
女性	28	汐留。	トヨタ。	橋下知事。
女性	24	首都。都会。交通網発達。人だらけ。	中日ドラゴンズ。トヨタ。適度に都会。名物たくさん。喫茶店。	たこやき。ド品。おばちゃん。阪神タイガース。
男性	53	東京タワー。	名古屋城。	たこ焼き。
男性	49	首都、政治・行政の中心。	トヨタ等自動車産業独自の文化。	商業の街。
女性	53	物価が高い。東京タワー。	ウイロー。うなぎ。	たこやき。おばちゃん。
男性	37	混沌。	閉鎖。	明るい。
女性	35	石原都知事。	コーチン。	さびれてる。
女性	48	電車、歩き、ビル。	意外に田舎、車。	川、古い、大阪弁、吉本。

155

人名索引

A–Z
Keller, K. L. *17*
Vaughm, S. *52, 56*

ア行
アーカー，D. *18*
池尾恭一 *17*
石井淳蔵 *18*
伊藤陽一 *88*

カ行
カーツワイル，R. *81, 82, 83*
ギデンズ，A. *85, 86, 90, 94*
公文俊平 *83*

サ行
齋藤 *83*
シェア，*51*
数土直紀 *93*
盛山和夫 *3, 54, 70*
瀬田真文 *94*
千宗室 *88*

タ行
チェン，D. *82*

トランペッタ，*51*
トリムリンソン，J. *93*

ナ行
中西眞知子 *94*
西垣通 *81, 82*
仁平典宏 *94*

ハ・マ行
ハーバーマス，J. *84*
樋口 *95*
深澤徳 *88, 89*
ベック，U. *51, 86, 89*
マートン，R. K. *51*

ヤ行
山田富秋 *93*
山本七平 *88*
好井裕明 *93*

ラ行
ラッシュ，S. *19, 86, 87*
ラリー，G. *19, 86*
リオタール，*84*
ロバートソン，R. *93, 93*

事項索引

A–Z

AI（artificial intelligence）　→人工知能

burned　→ブランド

cluster analysis　→クラスター分析

collage　→コラージュ

collective intelligence　→集合知

correspondence analysis　→コレスポンデンス分析

discriminant analysis　→判別分析

dummy variable regression; quantification methods of the first type　→数量化Ⅰ類

dummy variable regression; quantification methods of the second type　→数量化Ⅱ類

dummy variable regression; quantification methods of the third type　→数量化Ⅲ類

factor analysis　→因子分析

IA（intelligence amplifier）　→知能増幅

interval scale　→順序尺度

KHCoder　*95*

Kuuki　*88*

KY　*88*

MDS分析（多次元尺度法）　*40*

multi stage sampling　→多段抽出

multidimensional scaling　→MDS分析

multiple regression analysis　→重回帰分析

open ended　→自由回答

principal component analysis　→主成分分析

product lifecycle　→製品のライフサイクル

profile　→プロファイル

qualitative research　→質的調査（定性調査）

quantitative research　→量的調査（定量調査）

quota sampling　→割当抽出

ratio scale　→比例尺度

self-administered questionnaire　→自記入式調査票

simple random sampling　→単純無作為抽出

stratified sampling　→層化抽出

tacit knowledge　→暗黙知

unaided awareness　→純粋想起（非助成想起）

VUCA時代　*81*

ア行

アイディア　*11, 50, 91*

アイディア探索　*11*

アフターコーディング　*32*

アメリカマーケティング協会　*17*

暗黙知　*82*

意味　*18, 69, 84*

イメージ　*50*

イメージ分析　*39, 40*

因果関係　*81, 94, 95, 99*

因果法リサーチ　*26*

因子分析　*39*

インターネット　*95*

インターネット・リサーチ　*29*

インターネット調査　*32, 33, 80*

インタビュアー　*28, 32, 52, 56*

インタビュー　*3, 53, 55, 57, 95*

インタビュー結果サマリー　*76*

インタビューフロー　*4, 54*

インプット　*34*

インホーム・ユース・テスト　*28*

ヴァーチャル・リアリティ　*81*

映像資料　*54*

エスノグラフィー法　*53*

エスノメソドロジー　*69, 91*

エディティング　*34*

おもてなし　*88*

音声資料　*54*

カ行

海外移住　*87*

回帰分析　*95*

外在　*86*

外在的　*86*

解釈　*3, 5, 41, 47, 69, 70, 76, 78, 84, 85, 91, 95, 97, 99*
解釈学的再帰性　*86, 88, 89*
解体　*84*
回答リスト　*76*
価格　*38*
格差　*82, 83*
確率論　*26*
語り　*50*
価値　*19, 50, 90, 98*
価値観　*78, 99*
カテゴリー　*32, 34, 47, 87*
カルチュラル・スタディーズ　*69*
間隔尺度　*31*
関係性　*87*
観察法　*53*
企画　*97*
企画書　*8, 12, 54, 75, 76*
企画書作成　*9*
記述型リサーチ　*26*
既存品の追跡調査　*29*
逆転発想　*4, 9, 12, 76, 97*
客観的　*90*
級間分散　*40*
級内分散　*40*
空気　*88, 89*
クラスター　*40*
クラスター分析　*40*
グループインタビュー　*11, 56, 57*
グローカリゼーション　*90*
グローカル　*96*
グローバリゼーション　*92, 93*
グローバル　*93*
グローバル化
グローバル社会　*86*
クロス集計　*35, 47*
啓蒙の近代　*86*
決定係数　*36*
結論　*76*
現象学的アプローチ　*52*
現象学的再帰性　*87*
広告　*11, 50*

広告テーマ　*18*
交互作用　*52*
構築主義　*69*
合理的　*86*
コーディング　*31, 34, 41*
コード化　*11, 91*
コーポレイト　*97*
コーポレイト・ブランド　*19*
個人　*85, 86*
個別面接聴取法　*27*
コマーシャルテスト　*28*
コミュニケーション　*18, 19, 87, 95*
コメント　*69*
コラージュ　*53*
コラージュ法　*53, 93*
コレスポンデンス分析　*40*
コンジョイント分析　*38*
コンセプト　*18, 50*
コンセプトテスト　*28*

サ行
再帰　*86*
再帰性　*9, 19, 85, 87, 89, 93*
再帰的　*5, 70, 80, 89, 96, 97*
再帰的近代　*85*
再帰的近代化　*85, 86, 87*
再帰的近代社会　*84, 90*
再帰的生産　*87*
再帰的蓄積　*87*
サブポリティクス　*86*
サマリー表　*57*
参考文献　*41, 76*
参考ホームページ　*76*
サンプリング　*32, 84, 94, 99*
サンプル　*28*
司会者　*56, 57*
自記入調査票
市場　*5, 80*
市場再帰性　*87*
市場調査　*3*
市場領域　*18*
悉皆データ　*94, 99*

事項索引

実査　*34, 54, 80*
実施　*97*
質的　*92*
質的調査（定性調査）　*3, 9, 10, 50, 77, 84, 95, 97*
質的データ　*38, 39*
質問項目　*29, 47*
指摘比較分析　*95*
社会　*5, 80, 85*
社会調査　*3, 95*
重回帰分析　*37, 38, 41*
自由回答　*27, 28, 32, 34, 76, 91, 95*
集計表　*76*
集合知　*82*
集合の再帰性　*87, 89*
重相関係数　*36*
主観主義的理解　*89*
主観的　*95, 99*
主観的解釈　*89, 90, 91*
主成分分析　*39, 40*
循環　*85, 95*
順序尺度　*31*
純粋想起（非助成想起）
消費者　*18*
消費者行動論　*26*
商品コンセプト　*11*
商品満足度　*18*
情報　*19, 26, 87, 95*
情報化　*83, 87*
情報資本主義　*19, 86*
情報量　*27*
自律システム　*82*
事例研究　*10*
新規性　*18*
シンギュラリティ（技術的特異点）　*81, 83, 99*
人工知能　*81, 82, 83, 84, 91, 94, 99*
新製品　*11, 38*
新製品開発調査　*29*
シンボリック相互作用論　*69*
信頼区間　*31*
信頼度　*31*
数量化Ⅰ類　*38*
数量化Ⅱ類　*39*

数量化Ⅲ類　*39, 40*
数量的　*26*
スクリーニング　*50*
ストーリー　*69, 98*
ストリートキャッチング　*28*
西欧近代化　*93*
製品　*50*
製品カテゴリー　*18*
製品テスト　*28*
製品のライフサイクル　*12*
セカンダリー・データ　*41, 76, 98*
セグメンテーション　*39*
説明変数　*36, 38, 39*
選択　*96*
セントラル・ロケーション・テスト　*28*
層化抽出　*33*
相関関係　*81, 84, 94, 99*
相関係数　*35, 40*
相対価格　*18*
創発性　*18*
属性　*30*
忖度　*88*

タ行
対象コード　*34*
対象者属性（フェースシート）　*30*
代表性　*27*
ターゲット　*39, 40*
多段抽出　*33*
脱構築　*84*
多変量解析　*11, 38, 47, 50*
探索的アプローチ　*51*
単純集計　*35*
単純無作為抽出　*33*
知能増幅（IA）　*82, 83*
抽出　*80*
調査　*76, 97*
調査概要　*75*
調査企画　*5*
調査結果　*27*
調査結果の解説　*76*
調査項目　*29, 75*

159

調査設計　75
調査対象　9
調査対象者　75
調査テーマ　97
調査の背景　9, 75
調査の方法　75
調査の目的　69, 75, 77, 98
調査票　3, 4, 27, 29, 31, 34, 50, 76
調査方法　4, 9, 27
通行量調査　29, 53
提言　76
定性的　54, 85, 91, 95
定性的分析　94
定量的分析　94
データ　69, 76, 94, 96, 98
データ間　95
テーマ　50
テキストデータ　95
テキストマイニング　11, 94, 95
テクノロジー　81, 83
デプス・インタビュー　11, 52, 54, 57, 69
投影法　53
統計的　26
統計量　3
トライアル喚起力　18

ナ行
内在　86
内在的　86

ハ行
パッケージ　38
パッケージテスト　28
発想　8
パラダイム転換　47, 55
判別分析　38
非助成認知　28
ビッグデータ　80, 81, 83, 84, 91, 92, 94, 95, 99
美的近代　86
美の再帰性　86
標準誤差　31
標準偏差　35

標本誤差　31
標本数　31
標本調査　32
比例尺度　31
フィードバック　56
フォーカス・グループ・インタビュー　51
付属資料　76
ブランド　19, 38, 88, 89
ブランド拡張　18
ブランド自然選択説　18
ブランド知名度　18
ブランドの選択理由　39
ブランドパワー説　18
ブランドポジショニング　39, 40
ブランドマーク　19
ブランド理解度　18
ブランド連想　18
ブリーフィング　57
プリコード　32
プリテスト　50
プロダクト・ブランド　19, 97
プロファイル　30
文化資本　87
文化人類学　92
分散　35
分析　57, 95, 97
平均　35
報告書　54, 75-78, 98
母集団　32, 33
ポストモダニスト　84
ポストモダン　84, 85, 89, 92

マ行
マクロとミクロ　85
マーケットセグメンテーション　40
マーケティング　89, 90, 91
無　89
メタ物語　84
面接聴取法　80
模擬面接（ロール・プレイング）　34
目的変数　36
モニター型リサーチ　26

事項索引

物語　*69, 70, 84*

ヤ行
郵送調査　*32*
郵送法
要約　*75*

ラ行
ライフサイクル　*97*
ライフスタイル　*18*
ラポール　*3*
ラポール（親和関係）　*30*
リアリティ　*69, 77, 98*
リアル　*53*
リサーチ　*4, 8, 9, 74, 76, 78, 80, 89, 91, 92, 95, 96, 97*

リサーチ・テーマ　*35*
リサーチャー　*3, 41, 54, 69, 70, 78, 91, 92*
リスク社会　*86*
リピート喚起力　*18*
量的調査（定量調査）　*3, 9, 10, 26, 47, 50, 53, 69, 70, 77, 85, 95, 97*
量的データ　*36, 39*
臨床的アプローチ　*52*
ローカライゼーション　*90*
ローカル　*93*
論文　*74, 78*

ワ行
ワーディング　*47*
割当抽出　*33*

161

著者紹介

中西眞知子（なかにし・まちこ）
　大阪大学人間科学部卒業
　京都大学大学院人間・環境学研究科修士課程修了
　大阪大学大学院国際公共政策研究科博士後期課程修了　博士（国際公共政策）
　（株）インテージ（社会調査研究所）
　中京大学経営学部助教授を経て
　現　在　中京大学経営学部教授
　主　著
　『再帰的近代社会——リフレクシィブに変化するアイデンティティや感性，市場と公
　　共性』（2007年，ナカニシヤ出版）
　『語りと騙りの間羅生門的現実と人間のレスポンシビリティー』（2009年，ナカニシヤ
　　出版）共編著
　『遊・誘・悠の商品開発——新しい市場をひらく柔らかなまなざし』（2009年，同友
　　館）共編著
　『グローバル・コミュニケーション——キーワードで読み解く生命・文化・社会』
　　（2013年，ミネルヴァ書房）分担執筆
　『再帰性と市場——グローバル市場と再帰的に変化する人間と社会』（2014年，ミネル
　　ヴァ書房）
　『コモンウェルスにおけるレガシーの光と影』（2016年，ナカニシヤ出版）分担執筆
　ほか

中京大学大学院 ビジネス・イノベーションシリーズ

リサーチの思考と技法
―――逆転発想で再帰的に―――

2018年3月30日　初版第1刷発行　　　　　　　　〈検印省略〉

定価はカバーに
表示しています

著　者　中　西　眞知子

発 行 者　杉　田　啓　三

印 刷 者　江　戸　孝　典

発行所　株式会社　ミネルヴァ書房
607-8494　京都市山科区日ノ岡堤谷町1
電話代表　（075）581-5191
振替口座　01020-0-8076

© 中西眞知子, 2018　　　　　　　　共同印刷工業・新生製本

ISBN978-4-623-08348-0

Printed in Japan